国网安徽省电力有限公司　组编

供电营业厅服务人员
应知应会

中国电力出版社
CHINA ELECTRIC POWER PRESS

内容提要

本书主要介绍供电营业厅服务人员应掌握的理论知识和工作内容。全书共分 5 章：第一章介绍公司价值理念体系和公司战略体系；第二章介绍企业用户相关常识，抄表、核算、收费电价知识，以及电能计量、电子渠道、业扩报装、新型业务等专业知识；第三章讲解通用服务、营业场所服务、营业厅日常工作、营业厅典型情景行为等规范；第四章介绍 95598 业务规范，包括投诉、意见等服务工单受理渠道，营业厅业务分类及业务时限要求，国家电网公司对营业厅服务方面投诉、意见的判定规则，涉及营业厅的重要服务事项报备，以及国网公司供电服务投诉、95598 故障报修、95598 一般诉求、95598 申诉、95598 停送电信息报送等业务处理规范；第五章介绍营业业务，包括基础知识、业务种类、业务流程、受理资料、优化营商环境。

本书可供供电营业厅服务人员学习、使用。

图书在版编目（CIP）数据

供电营业厅服务人员应知应会 / 国网安徽省电力有限公司组编 . — 北京：中国电力出版社，2024.10
ISBN 978-7-5198-8514-4

Ⅰ.①供… Ⅱ.①国… Ⅲ.①电力工业—供电管理—商业服务—中国 Ⅳ.① F426.61

中国国家版本馆 CIP 数据核字（2024）第 008143 号

出版发行：中国电力出版社
地　　址：北京市东城区北京站西街 19 号（邮政编码 100005）
网　　址：http：//www.cepp.sgcc.com.cn
责任编辑：穆智勇（zhiyong-mu@sgcc.com.cn）
责任校对：黄　蓓　朱丽芳
装帧设计：赵姗姗
责任印制：石　雷

印　　刷：三河市万龙印装有限公司
版　　次：2024 年 10 月第一版
印　　次：2024 年 10 月北京第一次印刷
开　　本：787 毫米 ×1092 毫米　16 开本
印　　张：11.5
字　　数：189 千字
定　　价：58.00 元

编 委 会

编 写 组

目 录
CONTENTS

第一章

企业文化

第一节 公司价值理念体系

一、企业宗旨

企业宗旨：人民电业为人民

这是老一辈革命家对电力事业提出的最崇高、最纯粹、最重要的指示，体现了国家电网发展的初心所在。

牢记国家电网事业是党和人民的事业，始终坚持以人民为中心的发展思想，完整、准确、全面贯彻新发展理念，着力解决好发展不平衡不充分问题，全面履行经济责任、政治责任、社会责任做好电力先行官，架起党群连心桥，切实做到一切为了人民、一切依靠人民、一切服务人民。

二、公司使命

公司使命：为美好生活充电，为美丽中国赋能

"两为"意味着国家电网有限公司（简称公司）存在与发展的根本目的在于服务人民、服务国家。

"两美"彰显公司在社会进步和生态文明建设中的作用价值。

"充电"与"赋能"展现公司作为电网企业彰显价值作用的方式以及由此产生的能动作用。自觉将企业改革发展融入党和国家工作大局，发挥电网企业特点和优势，在全面建设社会主义现代化国家、实现中华民族伟大复兴中国梦的历史进程中积极作为、奉献力量。

三、公司定位

公司定位：国民经济保障者，能源革命践行者，美好生活服务者

国民经济保障者： 深刻认识国有企业"六个力量"的历史定位，积极履行经济责任、政治责任、社会责任，为经济社会发展提供安全、可靠、清洁、经济可持续的电力供应，在服务党和国家工作大局中当排头、作表率。

能源革命践行者：深入落实"四个革命、一个合作"能源安全新战略，充分发挥电网枢纽和平台作用，加快构建新型电力系统，在保障国家能源安全、推动能源转型、服务碳达峰碳中和中发挥骨干作用，成为引领全球能源革命的先锋力量。

美好生活服务者：始终坚持以满足人民美好生活需要为己任，自觉践行党的根本宗旨把群众观点、群众路线深深根植于思想中、具体落实到行动上。

四、企业精神

企业精神：努力超越，追求卓越

始终保持强烈的事业心、责任感，向着国际领先水平持续奋进敢为人先、勇当排头，不断超越过去、超越他人、超越自我，坚持不懈地向更高质量发展、向更高目标迈进，精益求精、臻于至善。

五、企业理念

企业理念：以人为本、忠诚企业、奉献社会

"以人为本、忠诚企业、奉献社会"的企业理念是公司处理与员工、电力客户、合作伙伴及社会之间关系的基本信条和行为准则。

"以人为本"是以实现人的全面发展为目标，尊重人、关心人、依靠人和为了人。公司视人才为企业的第一资源，坚持以人为本、共同成长的社会责任准则。公司善待员工、切实维护员工的根本利益，充分尊重员工的价值和愿望，保证员工与企业共同发展；公司善待客户，以客户为中心，始于客户需求、终于客户满意；公司善待合作伙伴，互利互惠，合作共赢，努力营造健康、和谐、有序的电力运营和发展环境。

"忠诚企业"是热爱企业、关心企业，为企业尽心尽力，忠实维护企业利益和形象。

公司通过建立完善规范有序、公正合理、互利共赢、和谐稳定的社会主义新型劳动关系，为员工发展提供机遇和舞台，充分调动员工的积极性、主动性和创造性，赢得员工对企业的忠诚。

"奉献社会"是关爱社会、服务社会、回报社会，履行社会责任。

公司坚持发展公司、服务社会的社会责任目标，以公司的发展实现员工成长、客户满意、政府放心，促进经济发展、社会和谐。公司及员工热心社会公益，遵守社会公德，引领社会良好风尚，树立公司开放、进取、诚信、负责的企业形象。

六、核心价值观

核心价值观：诚信、责任、创新、奉献

"诚信、责任、创新、奉献"的核心价值观是公司的价值追求，是公司和员工实现愿景和使命的信念支撑和根本方法。

"诚信"是企业立业、员工立身的道德基石。每一位员工、每一个部门、每一个单位，每时每刻都要重诚信、讲诚信，遵纪守法、言行一致，忠诚国家、忠诚企业。这是公司履行职责，实现企业与员工、公司与社会共同发展的基本前提。

"责任"是勇挑重担、尽职尽责的工作态度。公司在经济社会发展中担负着重要的政治责任、经济责任和社会责任。每一位员工都要坚持局部服从整体、小局服从大局，主动把这种责任转化为贯彻公司党组决策部署的自觉行动，转化为推进"两个转变"的统一意志，转化为推动工作的强劲动力，做到对国家负责、对企业负责、对自己负责。

"创新"是企业发展、事业进步的根本动力。公司发展的历程就是创新的过程，没有创新就不可能建成世界一流电网、国际一流企业。需要大力倡导勇于变革、敢为人先、敢于打破常规、敢于承担风险的创新精神，全面推进理论创新、技术创新、管理创新和实践创新。

"奉献"是爱国爱企、爱岗敬业的自觉行动。企业对国家、员工对企业都要讲奉献。在抗冰抢险、抗震救灾、奥运保电、世博保电等急难险重任务面前，公司员工不计代价、不讲条件、不怕牺牲，全力拼搏保供电，这就是奉献；在应对国际金融危机、缓解煤电油运紧张矛盾、落实国家宏观调控措施等重大考验面前，公司上下坚决贯彻中央的决策部署，积极承担社会责任，这也是奉献；广大员工在平凡的岗位上恪尽职守、埋头苦干，脚踏实地做好本职工作，同样是奉献。坚持在奉献中体现价值，在奉献中赢得尊重，在奉献中提升形象。

第二节　公司战略体系

一、战略目标

战略目标：具有中国特色国际领先的能源互联网企业

"中国特色"是根本，体现为坚持"两个一以贯之"、党的领导有机融入公司治理，体现为坚定不移服务党和国家工作大局，体现为走符合国情的电网转型发展和电力体制改革道路，体现为全面履行政治责任、经济责任、社会责任。

"国际领先"是追求，致力于企业综合竞争力处于全球同行业最先进水平，经营实力领先，核心技术领先，服务品质领先，企业治理领先，绿色能源领先，品牌价值领先，公司硬实力和软实力充分彰显。

"能源互联网"是方向，代表电网发展的更高阶段，能源是主体，互联网是手段，公司建设能源互联网企业的过程，就是推动电网向能源互联互通、共享互济的过程，也是用互联网技术改造提升传统电网的过程。"中国特色""国际领先""能源互联网"三者有机一体，彰显了公司政治本色、行业特色和发展角色，构成了指引公司发展的航标。

二、战略目标内涵

1.具有中国特色——"五个明确"

1）明确以习近平新时代中国特色社会主义思想为指导；

2）明确坚持党的全面领导；

3）明确坚持以人民为中心的发展思想；

4）明确走出一条中国特色的电网发展道路；

5）明确走中国特色国有企业改革发展道路。

2.国际领先——"六个领先"

1）经营实力领先；

2）企业治理领先；

3）核心技术领先；

4）绿色发展领先；

5）服务品质领先；

6）品牌价值领先。

3.能源互联网——"三大体系"

1）能源网架体系；

2）信息支撑体系；

3）价值创造体系。

三、战略框架

公司战略框架如图1-1所示。

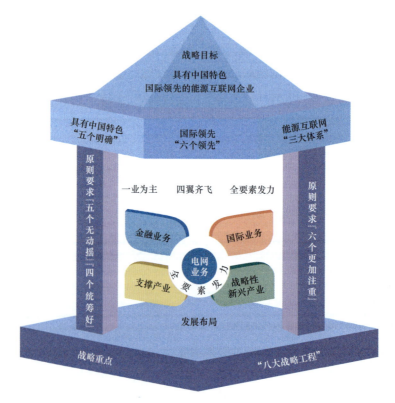

图1-1　公司战略框架

四、发展布局

发展布局：一业为主　四翼齐飞　全要素发力

"一业为主"指电网业务，是公司的主导产业和主营业务。

"四翼齐飞"指沿着电网业务这条产业链，统筹推进金融业务、国际业务、支撑产业、战略性新兴产业发展。

"全要素发力"指在加强传统要素授入的同时，更加注重知识、技术管理、数据等新要素投入。

（1）电网业务：公司发展的主导产业和主营业务，以建设能源互联网、担当电力产业链链长为发展方向，是践行人民电业为人民企业宗旨、保障能源安全和经济社会发展的中坚力量。

（2）金融业务：服务公司主业和实业的重要保障，为公司提供资金融通、保险保障资产管理等金融服务，为公司利润提供重要贡献。

（3）国际业务：公司参与全球市场竞争合作、统筹利用国内国际两种资源的实施主体为公司经营发展拓展市场空间，为公司利润增长提供重要来源，是服务共建"一带一路"和提升国际影响力的关键途径。

（4）支撑业务：公司战略实施的坚强支撑力量，为公司提供科研创新、能源互联网技术、服务支持、软实力等全方位支撑，是公司和电网高质量发展的坚强保障。

（5）战略性新兴产业：公司实现基业长青的新动能，为公司发展创造新增长点、新增长极是公司获取竞争新优势、掌握发展主动权的关键路径。

五、工作要求

1. "四个必须"

1）必须坚决维护党的核心和党中央权威；

2）必须将中央要求与公司实际紧密结合；

3）必须着力营造良好的发展环境；

4）必须紧紧依靠广大干部职工拼搏奋进。

2."五个好"

1）把握好稳中求进这个总基调；

2）履行好电力保供这个首要责任；

3）服务好能源转型这个战略任务；

4）贯彻好高质量发展这个鲜明主题；

5）发挥好党的领导党的建设这个独特优势。

六、战略安排

建设具有中国特色国际领先的能源互联网企业是一个长期的战略任务，公司明确分2020—2025年、2026—2035年两个阶段实现战略目标。

2020—2025年，基本建成具有中国特色国际领先的能源互联网企业，公司部分领域、关键环节和主要指标达到国际领先，中国特色优势鲜明，电网智能化数字化水平显著提升，能源互联网功能形态作用彰显。

2026—2035年，全面建成具有中国特色国际领先的能源互联网企业。

第二章

基础知识

第一节　电力基础知识

电力系统定义：由发电、输电、变电、配电和用电等环节组成的电能生产与消费的系统。它是将自然界的一次能源通过发电动力装置转化为电能，再经过输电、变电和配电将电能供应到各用户。

电力生产与电网运行原则：电力生产与电网运行应当遵循安全、优质、经济的原则。电网运行应当连续、稳定，保证供电可靠性。

供电企业的主要工作环节：供电企业的工作主要分生产和营销两大环节，其中，生产环节主要包括输电、变电、配电的工作，把电能从发电厂运送到客户端；营销环节主要包括计量、抄表、核算发行、收费的工作，在客户端安装计量装置，抄录数据，核算电费并发行，通过线上、线下各个渠道收取电费。

一、供电可靠性

1.定义

供电可靠性是指供电系统持续供电的能力，是考核供电系统电能质量的重要指标，反映了电力工业对国民经济电能需求的满足程度，已经成为衡量一个国家经济发达程度的标准之一。

2.指标分类

供电可靠性指标可分为供电可靠率、用户停电时长、用户停电次数三类，前一项是预防，后两项是表现。供电可靠率指在统计期间内为不计及因系统电源不足而需限电的情况。

3.标准

供用电设备计划检修应做到统一安排。供用电设备计划检修时，对35kV及以上电压供电的客户的停电次数，每年不应超过一次；对10kV供电的客户，每年不应超过三次。

1）城市电网平均供电可靠率达到99.90%，居民客户端平均电压合格率达到98.5%；

2）农村电网平均供电可靠率标准：可靠率达到99.8%，居民客户端平均电压合格率达到97.5%；

3）特殊边远地区电网平均供电可靠率和居民客户端平均电压合格率符合国家有关监管要求。《国家电网有限公司供电服务标准》（Q/GDW 10403—2021）。

二、电力设施

电力设施是指与发电、变电、输电、配电、用电和电力工程建设有关的一切设施的总称，电力设施可分为发电设施、变电设施和电力线路及其辅助设施。

1.发电设施

发电设施是指将煤、水、核能、风力等一次能源或二次能源转变为电能的设施及有关辅助设施。如火力发电厂的电力设备锅炉、汽轮机、燃气机等。

2.变电设施

变电设施是指将电压升高或降低，交流与直流互换等设施及有关辅助设施。如变电站的变压器、断路器、隔离开关、配电室、箱式变电站、计量仪表等。

3.电力线路

电力线路是指输送电能的设施及其辅助设施。如架空线、杆塔、拉线、接地装置、电缆、电缆沟、电缆井、电缆桥、电缆盖板、电力调度设备场所、通信电缆等。

4.电力设施等级

我国交流和直流输电系统的电压等级见表2-1、表2-2。

表2-1　　　　　　　　我国交流输配电系统的电压等级

交流输配电系统							
特高压	超高压			高压		中压	低压
1000kV	750kV	500kV	330kV	220kV	110~35kV	20~10kV	380/220V

表2-2　　　　　　　　我国直流输电系统的电压等级

交流输配电系统	
±8000kV	±500kV

第二节　抄表、核算、收费电价知识

一、电价

电能是一种特殊的商品，它的产、供、销在同一时刻完成，所以，电价是电能价值的货币表现。电价由电力生产成本、税金和利润组成，由国家统一制定。《中华人民共和国电力法》（简称《电力法》）第三十五条规定，电价是指**电力生产企业的上网电价、电网间的互供电价和电网销售电价**。

根据《国家发展改革委关于第三监管周期省级电网输配电价及有关事项的通知》（发改价格〔2023〕526号），工商业用户用电价格由上网电价、**上网环节线损费用、输配电价、系统运行费用、政府性基金及附加**组成。系统运行费用包括辅助服务费用、抽水蓄能容量电费等。

1.上网电价

上网电价又称标杆电价，是发电企业与电网企业进行电能结算的价格。计划体制下的上网电价由当地发改委进行核定。市场竞争下的上网电价由发电企业与用户的中长期合同，或发电企业在现货市场中的竞价确定。

2.上网环节线损费用

上网环节线损费用指用户直接参与市场购电或由电网企业代理购电过程中产生的线损电量所应支付的购电费用。

3.输配电价

输配电价指电网经营企业提供接入系统、联网、电能输送和销售服务的价格总称，又称输配电费用。目前省级电网输配电价定义中，输配电价包含线损、交叉补贴和区域电网容量电费三部分。现行的输配电价由发改委按照"准许成本加合理收益"的原则每三年核定一次。

4.辅助服务费用

辅助服务费用指为维护电力系统的安全稳定运行，保证电能质量，除正常电能生产、输送、使用外，由发电企业、电网经营企业和电力用户提供的服务而产生的成本。

5.政府性基金及附加

政府性基金及附加包括国家重大水利工程建设基金、水库移民后期扶持基金、可再生能源电价附加等。

6.销售电价

销售电价指电网经营企业对终端用户销售电能的价格，同时叠加电能成本、输配电成本和政府性基金及附加等部分。

销售电价实行政府定价，统一政策，分级管理。

根据《安徽省发展改革委转发国家发展改革委关于第三监管周期省级电网输配电价及有关事项的通知》（皖发改价格〔2023〕240号）：

全省电力用户用电价格分居民生活、农业生产、工商业用电（除执行居民生活和农业生产用电价格以外的用电）三类，其中工商业用电包括工商业单一制和工商业两部制用户。

（1）**单一制电价**：是以客户的实际用电量为计费依据的，每期应付的电费与他的设备容量的大小、设备的利用程度没有关系，仅以实际用电量来计算电费，电费与电量成正比。执行范围：用电容量在100kVA及以下的工商业用户，执行单一制电价；100kVA~315kVA之间的，可选择执行单一制或两部制电价。

（2）**两部制电价**：两部制电价就是将电价分为两个部分，一是以客户的实际用电量来计算电费的电度电价；二是以客户接入系统的变压器容量、合同最大需量或实际最大需量计算的容（需）量电价。执行范围：315kVA及以上的工商业用户，执行两部制电价。2023年6月1日前执行单一制电价的用户可选择执行单一制电价或两部制电价。

选择执行需量电价计费方式的两部制用户，每月每千伏安用电量达到260kWh及以上的，当月需量电价按核定标准90%执行。每月每千伏安用电量为用户所属全部计量点当月总用电量除以合同变压器容量。其中设置独立变压器（受电点）为居民农业用电供电的，相应受电点电量和容量在计算每千伏安用电量时予以扣除。

（3）**分时电价**：用电容量在100kVA及以上的工商业用户全面执行峰谷分时电价。由供电企业直接抄表的一户一表居民用户按自愿申请原则执行峰谷分时电价，一旦确定，一年内不予更改。电动汽车充换电设施用电执行峰谷分时电价。

（4）**可不执行分时电价范围**：用电容量100kVA及以上的商业零售企业，可自愿执行行业平均电价或峰谷分时电价；商业零售企业行业平均电价暂按我省工商业（单一制）平段目录基础上每千瓦时加5.48分执行。

1）对设立农副产品平价直销区的大型超市、社区连锁店，暂缓执行峰谷分时电价；

2）100kVA以下的工商业用户、污水处理厂可自愿选择执行峰谷分时电价或平段电价；

3）城市供水用电、电气化铁路牵引用电、农村地区广播电视站无线发射（转播、差转、监测）台站等可不执行或暂缓执行峰谷分时电价。

4）淘汰类高耗能企业和限制发展的高污染企业在治理达标以前，不执行分时电价。

（5）**农业生产电价**：《安徽省物价局关于进一步明确农业生产用电价格有关事项的通知》（皖价商〔2018〕89号）明确农业生产用电价格适用范围：

1）农林牧渔种植、养殖等活动用电；经批准建设的规划范围内农村饮水安全工程运行用电；对各种农产品（包括天然橡胶、纺织纤维原料）进行脱水、凝固、去籽、净化、分类、晒干、剥皮、初烤、沤软或大批包装以提供初级市场的用电和秸秆捡拾、切割、粉碎、打捆、成型（板材等建筑材料除外）等初加工用电。

2）对家庭农场、农民合作社、供销合作社、邮政快递企业、产业化龙头企业、农产品流通企业在农村建设的保鲜仓储设施用电，执行农业生产用电价格；

3）稻米、小麦、大麦的原粮进仓、清理、烘干、砻米、色选抛光、分级打包等初加工用电以及农村综合变以下的农副产品加工厂为农户加工口粮、食用油、饲料等用电执行农业生产价格；

4）对油茶、薄壳山核桃、香榧等木本油料的清洗、剥皮、烘干等就近初加工用电价格按农业生产用电价格执行。

（6）**充电桩电价**：电动汽车充换电设施按其所在场所执行分类电价。居民家庭住宅、居民住宅小区、执行居民电价的非居民用户中设置的充电设施用电，执行居民用电价格中的合表用户电价；党政机关、企事业单位和社会公共停车场中设置的充电设施用电执行工商业用电价格。2030年前，对实施两部制电价的集中式充电设施用电免收需量（容量）电费。

对居民住宅小区内集中设置的6个及以上充电插座，符合相关行业标准的电动自行车集中式充电设施用电，充电设施经管者可向当地电网企业申请执行居民生活合表电价并实行峰谷分时电价。

7. 功率因数执行标准

（1）160kVA以上的高压供电工业用户、装有带负荷调整电压装置的高压供电电力用户、3200kVA及以上高压供电电力排灌站。功率因数执行标准为0.90。

（2）100kVA（kW）及以上的其他工业用户、非工业用户、非居民照明用户、商业用户、临时用电户、100kVA（kW）及以上的电力排灌站。功率因数执行标准为0.85。

（3）100kVA（kW）及以上的农业用电。功率因数执行标准为0.80。

8. 分时时段划分

（1）居民用电峰谷时段划分：

平段14小时　　8：00～22：00

低谷10小时　　22：00～次日8：00

（2）工商业用电峰谷时段划分：

其他月份：峰段8小时　　8：00～11：00，16：00～21：00

平段7小时　　11：00～16：00，21：00～23：00

谷段9小时　　23：00～次日8：00

7月、8月、9月：峰段8小时　　16：00～24：00

平段7小时　　9：00～16：00

谷段9小时　　0：00～次日9：00

1月、12月：峰段8小时　　15：00～23：00

平段7小时　　8：00～15：00

谷段9小时　　23：00～次日8：00

（3）峰谷分时电价浮动比例：低谷电价在用户购电价格加输配电价基础上下浮61.8%；季节性（1、7、8、9、12月）高峰电价上浮84.3%；其他月份高峰电价上浮74%。

（4）季节性尖峰电价：尖峰电价执行范围为用电容量315kVA及以上执行工商业两部制电价和峰谷分时电价的工业用电。执行时段为7月、8月期间每日20：00～22：00，1月、12月期间每日19：00～21：00。尖峰电价在高峰电价基础上上浮20%。

9.居民阶梯分档电量和电价

（1）电量分档水平：第一档电量为每户每月180kWh以内；第二档电量为每户每月181～350kWh；第三档电量为每户每月350kWh以上部分。

（2）电价标准：第一档电量电价维持现行价格，为每千瓦时0.5653元；第二档电量电价在第一档基础上每千瓦加价5分钱，即0.6153元；第三档电量电价在第一档基础上每千瓦加价0.3元，即0.8653元。

"一户多人口"人数满5人及以上的，可申请每户每月增加100kWh阶梯电量基数。即第一档电量为0～280kWh，第二档电量为281～450kWh，第三档电量为451kWh及以上。人数满7人及以上的，也可选择申请执行居民合表电价。

用电业务收费一览表如图2-1所示。

用电业务收费项目一览表

适用范围	收费项目	单位	收费标准	收费依据
安徽省	高可靠性供电费	非自建本级电压外部供电工程	元/千伏安	0.38/0.22千伏:260 10千伏:210 20千伏:190 35千伏:160 63千伏:110 110千伏:80 地下电缆线路的高可靠性供电费用按上述标准的1.5倍收取	《转自国家发展改革委关于停止收取供配电贴费有关问题的补充通知》(锐价厦[2004]223号) 《安徽省物价局关于20千伏电压等级高可靠性供电费征收标准问题的函》(锐价商函[2011]131号)
		自建本级电压外部供电工程		0.38/0.22千伏:210 10千伏:160 20千伏:128 35千伏:80 地下电缆线路的高可靠性供电费用标准按上述标准的1.5倍收取	《安徽省物价局关于高可靠性供电费用有关问题的批复》(锐价商函[2018]129号)
安徽省	系统备用容量费	自备电厂	元/千伏安·月	1~10(20)千伏:30 35千伏:28.5 110千伏:27.5 220千伏及以上:25.5 经主管部门认定为资源综合利用的余热、余压、余气自备电厂减半收取系统备用费。	《关于明确自备电厂收费政策有关问题的通知》(锐价报[2005]3号) 《关于自备电厂收费政策有关问题的补充通知》(锐价报[2005]291号) 《安徽省物价局转发国家发展改革委办公厅关于清理规范电网转供环节收费有关事项的通知》(锐价商[2018]87号) 《国家发展改革委关于第三批省管输配电网输配电价及有关事项的通知》(发改价格[2023]526号)

图2-1　用电业务收费一览表

二、电费

电费即用电费用，就是一个企业、单位、个人在一定时间内所耗费的电能电量所产生的费用。

1.容（需）量电费

（1）按容量计收：

容（需）量电费＝执行容量电价受电点容量 × 对应电压等级容量电价。

（2）按合同最大需量计收：

1）当抄见的最大需量≤供电企业核准数 ×105% 时，按需量合约值收取容（需）量电费。容（需）量电费＝合约需量值 × 对应电压等级需量电价

2）当抄见最大需量＞供电企业核准数 ×105% 时，计费需量＝供电企业合约需量+（抄见的最大需量 – 供电企业合约需量 ×105%）×2。容（需）量电费＝［供电企业合约需量+（抄见的最大需量 – 供电企业合约需量 ×105%）×2］× 对应电压等级需量电价

3）按实际最大需量计收：

容（需）量电费＝实际最大需量值 × 对应电压等级需量电价

2.退补电费

居民阶梯电价客户的故障退补电费计算应区分退补电量是本结算年用电量，还是退补以前的电量。如是本结算年用电量则参与本结算年阶梯电费计算，退补以前的电量电费计算则单独计算可与本月电费合并出账或单独发行出账。电量退补录入时直接以第一档、第二档和第三档录入电量确认。电费退补选择阶梯电价折算电量。对于需退客户电量的，应首先退客户本年度已使用第三档电量，退完后依次退第二、第一档电量；对于需补客户电量，应首先补客户第一档未使用的基数电量，剩余电量依次补第二、第三档电量。

3.分时电费

居民用户分时电费计算方法如下：

客户电费＝有功谷电量 × 谷电价+有功平电量 × 平电价

平时段为8时至22时，电价为0.5953元/kWh；

谷时段为22时至次日8时，电价为0.3153元/kWh。

具体计算方法如下：

平电费=（总电量−谷电量）× 平电价

谷电费=谷电量 × 谷电价

总电费=峰电费＋谷电费

遇有国家电价政策或标准发生变动，以价格主管部门的最新标准为准，供电公司也将通过有效渠道进行宣传、公告，届时请留意。

4.高供高计电费

客户电费=基本电费+电度电费+功率因数调整电费

=客户用电设备容量（或最大需量）× 基本电价+∑计费有功电量（i）× 电度电价单价（i）+功率因数调整电费

5.高供低计电费

（1）100kVA以下的高供低计客户：

电费金额=（抄见电量＋有功铁损＋有功铜损＋有功线损）× 单价

（2）100kVA及以上的实行功率因数考核的高供低计客户：

电费金额=（抄见电量＋有功铁损＋有功铜损＋有功线损）× 单价+（抄见电量＋有功铁损＋有功铜损＋有功线损）×（单价−基金附加）×（± 功率因数调整电费金额增减率）

6.功率因数电费

对于单一制用户：

功率因数调整电费=当月电度电费 × 功率因数调整增减率

对于两部制用户：

功率因数调整电费=［当月容（需）量电费＋当月电度电费］× 功率因数调整增减率

7.前店后宅电费

某低压非居民客户有两个计量点，计量点1的用电性质为普通工业用电，计量点2的用电性质为居民照明用电，且计量点2的电量计算方式为定比，定比值为5%。该户

2011年5月份本月抄表指数为3174，上月指数为3060，计算该户电费金额。

1）抄表电量=本月示数—上月示数

抄表电量=3174－3060=114（kWh）

2）定比电量=抄表电量 × 定比

定比电量=114 × 5%=5.7 ≈ 6（kWh）

电费=6 × 0.5653=3.39（元）

3）普通工业电量=抄表电量－定比电量

普通工业电量=114－6=108（kWh）

普通工业电费=108 × 0.8938=96.53（元）

该户电费金额=96.53＋3.39=99.92（元）

8.合表居民电费计算实例

某非分时不满1kV的普通合表居民客户，倍率为1。抄表周期为每月，抄表例日为1日。6月1日抄表总示数为4000，7月1日抄表总示数为4950。计算该户7月份应交电费。

电量计算 4950–4000=950（kWh）

电费计算 950 × 0.5853=556.035（元）

三、电能计量

（一）电能计量装置

记录用电客户使用多少电能量的度量衡器具称为电能计量装置。它包括计费电能表（有功、无功电能表及最大需量表）和电压、电流互感器及二次连接导线、电能计量柜（箱）等。电能计量装置是供电企业和电力客户进行电能计量、结算的"秤杆子"。

1.电能表

智能电能表是采用数字计量技术，由测量单元、数据处理单元、通信单元等组成，具有电能量计量、数据处理、实时监测、信息采集功能的新型电能表。

（1）智能电能表的主要功能有：计量功能、需量测量功能、时钟功能、费率和时段功能、数据存储功能、电量冻结、事件记事功能、通信功能、信号输出功能、显示功能、测量功能、安全保护功能、费控功能、负荷记录功能、停电抄表功能、报警功能、安全认证功能。

（2）电能表标识：

1）电能表铭牌应有国家计量制造许可证（CMC）标志及许可证编号；

2）电能表外壳应贴有强制检定合格证；

3）电能表表盖应加有厂家封印和检定机构的封印。

（3）电能表分类：电能表按照结构原理、所测电源，接入线路方式、用途、使用情况及等级（指数）来分，具体如表2-3所示。

表2-3　　　　　　　　　　　　电能表的分类

分类标准	电表类型		
按照结构原理	有感应式（机械式）	电子式（静止式）	感应电子式（机电式）
按所测的电源	直流式	交流式	
按所测的电能	有功	无功	
按接入线路	直接接入式	经互感器接入式	
按用途	单相	三相	特殊用途电能表（包括标准电能表、复费率电能表、预付费电能表及多功能电能表等）
按使用情况及等级（指数）	安装式（3.0、2.0、1.0、0.5、0.5S、0.2、0.2S级）	携带式（0.2、0.1、0.05、0.02、0.01级）	

（4）智能表的使用年限：在正常工作条件下，智能表的平均使用年限不少于10年。

（5）电能表位数：即电能表上示数的位数。

例如：

1）电能表位数为6，即电能表上的示数显示为6位整数。

2）电能表位数为6.2，即电能表上的示数显示为6位整数，2位小数。

3）电能表位数为5.1，即电能表上的示数显示为5位整数，1位小数。

操作："业务支持系统—客户基本信息查询—计量装置—电能表"中的"电能表位数"。

（6）电能表型号：我国电能表型号的表示方法一般按下列规定编排：类别代号+组别代号+设计序号+派生号。

2.互感器

互感器是以转换电力线路中的电压或者电流为目的，与二次回路中的测量仪表配合使用，用于检测电力系统的运行情况，传递电能的生产和消费信息。

互感器分两类：电流互感器和电压互感器。

（1）电压互感器

1）定义：电压互感器（TV），也有简称PT和YH的，它是电力系统中测量仪表、继电保护等二次设备获取电气一次回路电压信息的传感器。TV将高电压按比例转换成低电压，即100V，TV一次侧接在一次系统，二次侧接测量仪表、继电保护等，如图2-2所示。TV主要是电磁式的（电容式电压互感器应用广泛），另有非电磁式的，如电子式、光电式。

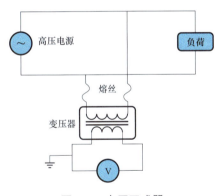

图2-2 电压互感器

2）适用范围：一般来说，高压供电的客户，在高压侧计量时，必须安装电压互感器和高压电流互感器；低压供电的客户，当负荷电流超过规定数值时，应安装电流互感器。

3）原理：是隔离高电压，供继电保护、自动装置和测量仪表获取一次电压信息的传感器。

4）使用注意事项：

①按要求的相序接线，防止极性接反；

②为防止一、二次绕组绝缘击穿，一次高压串入二次侧危害人员和仪表安全，二次回路应设保护接线；

③运行中的电压互感器二次侧严禁短路。

（2）电流互感器

1）定义：电流互感器由闭合的铁心和绕组组成的，它的一次侧绕组匝数很少，串在需要测量的电流的线路中，因此它经常有线路的全部电流流过，二次侧绕组匝数比较多，串接在测量仪表和保护回路中，电流互感器在工作时，它的二次侧回路始终是闭合的，因此测量仪表和保护回路串联线圈的阻抗很小，电流互感器的工作状态接近短路。电流互感器是把一次侧大电流转换成二次侧小电流来使用，二次侧不可开路。

2）原理：电流互感器与变压器类似也是根据电磁感应原理工作，变压器变换的是电压而电流互感器变换的是电流。

3）适用范围：一般来说，高压供电的客户，在高压侧计量时，必须安装电压互感器和高压电流互感器；低压供电的客户，当负荷电流超过规定数值时，应安装电流互感器。

4）使用注意事项：

①变比要适当。应保证其在正常运行中的实际负荷电流达到额定电流的60%左右，至少不小于30%。实际二次负荷在下限~100%额定二次负荷范围内，且额定二次负荷的功率因数应为0.8~1.0，以确保计量准确。

②接线时要确保电流互感器一、二次侧极性正确。

③电流互感器的一次绕组串联接入被测电路，而它的二次绕组则与测量仪表连接。

④高压电流互感器二次绕组应有一点永久、可靠的接地点。

⑤在运行的电流互感器的二次回路上工作时，严禁使其开路。

电流互感器与电压互感器的区别如表2-4所示。

表2-4　　　　　　　　　　　电流互感器与电压互感器的区别

电流互感器（TA，旧称CT）	电压互感器（TV，旧称PT或VT）
TA将高电流降到安全电流水平	TV将高压电平降到安全电压水平
TA符号	TV符号

续表

电流互感器（TA，旧称CT）	电压互感器（TV，旧称PT或VT）
一次绕组与被测线路串联	一次绕组与被测线路并联
一次绕组匝数较少，二次绕组匝数很大	一次绕组有很多匝数，二次绕组匝数很少
二次侧不能开路	二次侧可以开路
具有非常高的匝数比	具有非常低的匝数比
精度不依赖于二次负载（输出端可接多个电流表）	精度取决于二次负载，并在连接多个电压表时产生误差
一次绕组包含全线电流	一次绕组包含全线电压
电流互感器可以是绕线式或铁心式	电压互感器可以是电磁式或电容电压式
一次电流不依赖于二次电流	一次电流取决于二次电流
升压变压器	降压变压器
用于测量和监视大功率线路中的电流	用于测量电力线中的高压

（二）电能计量方式

配电常见的供电电压等级有 10kV、0.4kV、0.22kV，根据计量点设置的位置不同，采用的计量方式便有所不同。

电能计量方式主要分为高供高计、高供低计、低供低计三种。

（1）**高供高计**：指计量装置设置点处的电压与供电电压一致且电压等级在 10kV 及以上的计量方式，例如供电电压为 10kV，则计量装置设置在 10kV 侧即为高供高计。

（2）**高供低计**：指计量装置设置点处的电压低于用户供电电压的计量方式，例如供电电压为 10kV，经过变压器降压到用户侧电压为 380V 或 220V，则计量装置设置在 380V 或 220V 侧即为高供低计。目前居民一户一表多采用高供低计的计量方式，部分小容量的工商业用户也采用高供低计。

（3）**低供低计**：指计量装置设置点的电压与用户供电电压一致的计量方式，例如用户供电电压为 380V 或 220V，计量装置直接设置在用户侧 380V 或 220V 即为低供低计。

（三）用电信息采集系统

用电信息采集系统是对电力用户的用电信息进行采集、处理和实时监控的系统，实现用电信息的自动采集、计量异常监测、电能质量监测、用电分析和管理、相关信息发布、分布式能源监控、智能用电设备的信息交互等功能，现场安装的采集设备分为专用变压器（简称专变）采集终端和集中抄表终端，其中集中抄表终端又可分为采集器和集中器。

（1）专变采集终端定义： 对专变用户用电信息进行采集的设备，可以实现电能表数据的采集、电能计量设备工况和供电电能质量监测，以及客户用电负荷和电能量的监控，并对采集数据进行管理和双向传输。

（2）集中抄表终端定义： 对低压用户用电信息进行采集的设备，包括集中器、采集器。集中器是指收集各采集器或电能表的数据，并进行处理储存，同时能和主站或手持设备进行数据交换的设备；采集器是用于采集多个或单个电能表的电能信息，并可与集中器交换数据的设备。

四、抄表管理

抄表是每月按固定周期及日期抄录客户端的电能表读数，并计算出客户的实用电量，通知客户缴纳电费的过程。抄表工作是电费管理工作的第一道工序，也是基础工序。抄表日期是为了有计划地安排抄表工作而对所有客户相对固定的抄表时间。

根据《国网营销部关于印发〈2023年营业电费电价管理精益化再提升工作安排〉的通知》（营销综〔2023〕8号）中"二、重点工作安排"，严格以自然月为抄表周期、以每月1日为抄表例日，抄表周期、抄表例日不允许变更；杜绝通过人为更改抄表例日、月末日采集示数等方式调整当期发行电费；不得无故暂缓发行电费。严格按政策要求完成应急跨省购电等费用疏导，规范开展应收记账，不得违规延期发行。

根据《国家电网有限公司电费业务管理办法》（2023年最新版）第二十七条规定，采集抄表工作遵循以下要求：

（1）电力客户、发电企业以自然月为结算周期，每月1日为结算抄表例日，结算电量为结算月1日0时至月末日24时之间的自然月电量，结算周期和结算抄表例日不允许变更。未实现购售同期抄表的省份结算抄表例日不得随意变更，确需变更的应经市级供电单位审批后告知客户，并报本单位线损管理部门和财务部门，由相关部门完成线损、利润等指标的调整。

（2）实行月内多次抄表的电力客户，应按照《供用电合同》或《电力客户电费结算协议》有关条款约定的日期安排抄表。开展中长期按工作日连续运营、分时段交易以及现货交易的省份，应根据本省市场交易规则要求采集分时电量数据，并在用电信息采集系统内按规则及时对缺失数据进行补采或拟合，确保抄表数据完整。

（3）高压新装电力客户应在归档当月开展抄表结算，参与市场化交易的应严格按照市场规则要求开展抄表结算；低压新装客户如归档当月未使用电能的，可延至下一个结算周期结算。新装客户应按照计量装置运行有关规程要求同步开展现场核抄，确保计量装置运行正常、采集信息准确。

（4）现场补抄应通过现场作业终端、手机＋背夹方式开展，严格遵循安全工作规范。原则上不允许手工录入，特殊情况确需手工录入的，应由工作人员现场抄录、拍照，并通过用电信息采集系统上传表计示数照片等佐证材料，履行审核手续；抄表结束后将手工抄录数据准确性纳入营销稽查业务范围。

第三节　业扩报装知识

一、业扩报装基础知识

业扩报装是指供电部门从受理客户申请到装表接电全过程业务的总称。

业扩报装按业务定义可分为新装用电、增容、变更；按客户性质可分为居民、非居民、小区新装；按用电性质可分为正式用电、临时用电。

二、供电点

供电点是指客户受电电压同级的供电线路或该线路供电的变电（配电）站和直供

的发电厂。具体情况如下：

（1）对于公用线路供电的高压客户，受电电压同级的供电线路是该客户的供电点，只要不改变供电线路就认为供电点不变更。

（2）对于专线供电的客户，受电电压为专用线接引的公用变电站就是该专线客户的供电点。

（3）对于低压供电的客户，低压供电的配电变压器就是该客户的供电点。

受电点：即用电人受电装置所处的位置。为接受供电网供给的电力，并能对电力进行有效变换、分配和控制的电气设备，如高压用户的开闭所、配电房、开关站；低压用户的计量箱、配电箱等，都可称为用电人的受电装置。

计量点：指用于贸易结算的电能计量装置装设地点。

三、供电方案

供电方案指由供电企业依据国家有关规定和技术标准要求，结合现场勘查结果、电网规划、用电需求及当地供电条件等因素，经过技术经济比较，与用户协商确定供电方案，并在规定时间内书面正式答复用户。

1.确定供电方案基本要求

（1）供电方案主要包含用户基本信息、接入系统方案、受电系统方案、计量计费方案、其他事项等内容，供电方案的确定应当遵循安全、可靠、经济、合理和便于管理的原则。

（2）根据客户的用电容量、用电性质、用电时间，以及用电负荷的重要程度，确定高压供电、低压供电、临时供电等供电方式。

（3）根据用电负荷的重要程度确定多电源供电方式，提出保安电源、自备应急电源、非电性质的应急措施的配置要求。

（4）用户的自备应急电源、非电性质的应急措施、谐波治理措施应与供用电工程同步设计、同步建设、同步投运、同步管理。

2.高压供电客户供电方案内容

（1）客户基本用电信息：户名、用电地址、行业、用电性质、负荷分级，核定的用电容量，拟定的客户分级。

（2）供电电源及每路进线的供电容量。

（3）供电电压等级，供电线路及敷设方式要求。

（4）客户电气主接线及运行方式，主要受电装置的容量及电气参数配置要求。

（5）计量点的设置，计量方式，计费方案，用电信息采集终端安装方案。

（6）无功补偿标准、应急电源及保安措施配置，谐波治理、继电保护、调度通信要求。

（7）受电工程建设投资界面。

（8）供电方案的有效期。

（9）其他需说明的事宜。

3.低压供电客户供电方案内容

（1）客户基本用电信息：户名、用电地址、行业、用电性质、负荷分级，核定的用电容量。

（2）供电电压、公用配变名称、供电线路、供电容量、出线方式。

（3）进线方式，受电装置位置，计量点的设置，计量方式，计费方案，用电信息采集终端安装方案。

（4）无功补偿标准、应急电源及保安措施配置、继电保护要求。

（5）受电工程建设投资界面。

（6）供电方案的有效期。

（7）其他需说明的事宜。

4.居民客户供电方案内容

（1）客户基本用电信息：户名、用电地址、行业、用性质，核定的用电容量。

（2）供电电压、供电线路、公用配变名称、供电容量、出线方式。

（3）进线方式、受电装置位置、计量点的设置，计量方式，计费方案，用电信息采集终端安装方案。

（4）供电方案的有效期。

高压供电方案的有效期为一年，低压供电方案的有效期为三个月。用户应当在有效期内依据供电方案开工建设受电工程，逾期不开工的，供电方案失效。

用户遇有特殊情况，需延长供电方案有效期的，应当在有效期到期前十日向供电企业提出申请，供电企业应当视情况予以办理延长手续，但延长时间不得超过前款规定期限。

接入系统工程定义：接入（外部）系统工程（简称"接入工程"）是指用户受电装置，资产（责任）分界点至电网同一电压等级公用供电设备之间的工程以及由于用户申请容量而引起上一级电压等级建设或改造的工程。接入工程的设计，应以经供电方与用户协商确定的供电方案为依据。接入（外部）系统工程由电网企业主导实施。

受电工程定义：受电工程是指用户受电装置，资产（责任）分界点及以下由用户建设、管理的用户内部工程。用户受电工程的设计、施工，应由用户选择有资质的（设计、施工）单位承担，应采用符合现行国家、电力行业和安徽省地方标准的电气设备。受电工程由用户主导实施。

受电工程验收：竣工检验分为资料查验和现场查验。

1.资料查验：在受理客户竣工报验申请时，应审核客户提交的材料是否齐全有效，主要包括：①高压客户竣工报验申请表；②设计、施工、试验单位资质证书复印件；③工程竣工图及说明；④电气试验及保护整定调试记录，主要设备的型式试验报告。

2.现场查验：查验内容包括：①电源接入方式、受电容量、电气主接线、运行方式、无功补偿、自备电源、计量配置、保护配置等是否符合供电方案；②电气设备是否符合国家的政策法规，以及国家、行业等技术标准，是否存在使用国家明令禁止的电气产品；③试验项目是否齐全、结论是否合格；④计量装置配置和接线是否符合计量规程要求，用电信息采集及负荷控制装置是否配置齐全，是否符合技术规范要求；⑤冲击负荷、非对称负荷及谐波源设备是否采取有效的治理措施；⑥双（多）路电源闭锁装置是否可靠，自备电源管理是否完善、单独接地、投切装置是否符合要求；⑦重要电力用户保安电源容量、切换时间是否满足保安负荷用电需求，非电保安措施及应急预案是否完整有效；⑧供电企业认为必要的其他资料或记录。

四、《电力设施保护条例》供电设施及其路面恢复

因建设引起建筑物、构筑物与供电设施相互阻碍，需要迁移供电设施或采取防护措施时，应当按照建设先后的原则，确定其担负的责任。如供电设施建设在先，建筑物、构筑物建设在先，供电设施建设在后，由供电设施建设单位负担建筑物、构筑物迁移所需的费用；不能确定建设先后的，由双方协商解决。

城乡建设与改造需迁移供电设施时，供电企业和用户都应当积极配合，迁移所需的材料和费用，应当在城乡建设与改造投资中解决。

线杆迁移介绍： 客户需要迁移供电企业的线路、杆线等电力设施时，可申请杆线迁移。电线杆迁移一般无具体时限，需申请迁移单位或个人提交迁移申请报告，待供电公司工作人员现场核实后确认是否存在迁移必要，如需迁移，供电公司需重新设计线路走径、施工架设新的替代线路，待替代线路施工完成并验收合格后方可迁移旧线路。

同杆架设介绍： 根据国家《电力设施保护条例》以及电力系统相关办法规定，通信、广播电视等线路设施与电力线路设施之间一般不得交叉跨越、搭挂。确需进行搭挂的，在提出申请后，满足安全及技术等条件，经审核批准，可签订协议进行搭挂。

同杆架设协议内容： 协议里需要写明如有电力线路改造、线路拆除、路径更改等情况，搭挂在我公司线路上的外单位装置应无条件配合；在供电公司线路上搭挂的设备应由具体设备运行管理部门现场制定搭挂路径。有开关，刀闸等设备的杆塔上不得搭挂影响线路维修的设备；如有道路改造等情况，搭挂设备不能满足足够对地距离的，搭挂设备管理单位及时进行修改。

问题处理： 供电公司与外单位签有合同，进行线杆改造或迁移时，会提前通知外单位，做好施工准备，不会造成客户通信故障；外单位未经供电公司允许，私自在供电公司产权的线杆上架设通信线路，出现任何故障，建议客户联系通信产权单位处理；同杆架设中其中一条线路出现故障，另一条线路需要配合停电处理故障如客户不认可，建议转抢修部门。

五、杂项业务

1.高可靠性供电费（见表2-5）

表2-5　　　　　　　　高可靠性供电费收费标准

电压等级	非自建本级电压外部工程（元/kVA）	自建本级电压外部供电工程（元/kVA）
220/380V	260	210
10kV	210	160
20kV	190	128
35kV	160	80
110kV及以上	80	不收取

注：

　　1.对两路及以上多回路供电（含备用电源、保安电源）的电力客户，对用户自筹资金架设由用户专用变压器到电网中本级受电电压等级公用供电干线的电线或电缆，其高可靠性供电费用按自建本级电压外部工程标准收取；用户未参与用户专用变压器到电网中本级受电电压等级公用供电干线的电线或电缆投资建设的，其高可靠性供电费用按非自建本级电压外部工程标准收取。

　　2.对于两路及以上多回路供电（含备用电源、保安电源）的用电客户，对除供电容量最大的供电回路以外的每回路区分电缆及架空线不同标准分别计收高可靠性供电费用。客户业扩工程电网接入点电源侧为地下电缆接入的，其高可靠性供电费用按架空线标准的1.5倍计收。

　　3.对于居民集中居住区内部的电梯、泵房、消防设施、应急照明用电、超市等由两路及以上多回路供电（含备用电源、保安电源）的用电客户，按供用电合同约定的电压等级和容量，按自建本级电压外部工程标准收取高可靠性供电费用。其中高压双（多）回路供电客户根据居住区电网接入点电源侧区分电缆和架空线接入方式，收取相应标准高可靠性供电费用；低压双（多）回路供电客户按架空线进线标准收取。

　　4.对于变电所新出专用线路的，该新出线路按自建架空线标准计收。

　　5.对两路及以上多回路供电（含备用电源、保安电源）的电力客户，如出现两条及以上回路容量最大且相同，但建设形式（自建/非自建）或接入点电源侧线路形式（电缆/架空）不同时，应按就低原则收取高可靠性供电费用。

　　6.公用电厂不在高可靠性供电费用收取范围内。

收费标准依据：依据皖价服〔2004〕223号、皖价商函〔2011〕131号、皖价商函〔2018〕129号

2.计量器具赔偿费

当客户原因致使计量装置（含电能表、互感器等）发生故障、损坏或遗失时，需

要客户缴纳的费用。

3.电能表费用

新装等业务暂不收取，但当客户原因致使计量装置（含电能表、互感器等）发生故障、损坏或遗失时，需要客户缴纳的费用。

4.用电设备维修费

（1）供电公司产权内的用电设备维修由供电公司承担，客户产权的设备维修由客户自行承担费用；

（2）客户产权设备维修费：产权分界点之后的设备属客户产权（高压及非居民用户通常为接火点以后至用户内部的所有设备，居民用户通常为电能表以后的所有设备）（详见供电设施产权分界点定义），客户产权的设备由客户自行维修，客户也可委托其他有资质的施工单位或社会电工维修，设备维修费由施工单位收取。

5.线路抢修服务费

（1）供电公司仅负责本公司产权的线路抢修、不收取客户费用。客户产权的抢修费用由客户自行承担；

（2）客户产权线路抢修费：产权分界点之后的线路（高压及非居民用户通常为接火点以后至用户内部线路，居民用户通常为电能表以后线路）属客户产权，（详见供电设施产权分界点定义）客户产权的设备由客户自行维修，客户也可委托其他有资质的施工单位或社会电工维修，线路抢修费由施工单位收取。

6.业扩受电工程费用

因非居民客户申请新装、增容用电而引起的受电工程施工过程中发生的实际费用。客户办理业务时，由于受电工程是由客户自行选择有资质单位承担设计、施工的，所以该笔费用应交给施工方，不交给供电公司。

7.工程费用

工程费用为外部供电工程费用，指分界点电源侧供电工程建设和维护的全部费用。

8.业扩接入工程费用

因非居民客户申请新装、增容用电而引起的接入工程施工过程中发生的实际费用。费用不交给供电公司。

9.施工材料费

适用于居民客户新装、增容施工过程中发生的实际费用。该笔费用应交给施工方，不交给供电公司。

（1）移表箱的收费标准：

1）表箱产权属于客户：费用应以客户自行委托施工单位预算为准。

2）表箱产权属于供电公司：根据《供电营业规则》第二十七条：用户移表（因修缮房屋或其他原因需要移动用电计量装置安装位置），须向供电企业提出申请。移表所需的费用由用户与委托施工单位结算。

（2）更换表箱收费标准：

1）表箱产权属于客户：费用应以客户自行委托施工单位预算为准。

2）表箱产权属于供电公司：供电公司不收费。若客户产权范围内供电设施需要施工，费用应以客户自行委托施工单位预算为准。

备： 若客户反映有人员向其收费，建议核实收费人员是否为具体实施（施工单位或设计单位）人员。

1.非居民用户申请居民电价业务

非居民申请居民电价： 执行居民电价的非居民用户的范围是：经国家有关部门批准，由政府及其有关部门、社会组织和公民个人举办的公办、民办学校用电；部队营房内照明、电风扇、空调器等用电；服务住宅小区居民的照明、电梯、消防设施等非经营性共用设施设备的运行、维护用电；一体化行政村卫生室用电；属国家、集体兴办，在民政部门登记，不以盈利为目的的社会福利院、儿童福利院用电和徽风报刊亭用电等。

非居民申请居民电价的适用对象： 执行居民电价的非居民用户的范围是：经国家有关部门批准，由政府及其有关部门、社会组织和公民个人举办的公办、民办学校用电；部队营房内照明、电风扇、空调器等用电；服务住宅小区居民的照明、电梯、消防设施等非经营性共用设施设备的运行、维护用电；一体化行政村卫生室用电；属国家、集体兴办，在民政部门登记，不以盈利为目的的社会福利院、儿童福利院用电和徽风报刊亭用电等。

物业申请执行居民电价的所需材料： 申请报告、房产证、营业执照、法人身份证、委托授权书、经办人身份证，城乡居民住宅小区公用附属设施用电可申请享受居民电价。

居委会申请执行居民电价的所需材料：申请报告、主任任命书、主任身份证、委托授权书、经办人身份证，可申请享受居民电价。

社会福利院申请执行居民电价所需材料：申请报告、房产证、营业执照、法人身份证、委托授权书、经办人身份证，可申请享受居民电价。

2.非直接供电

非直接供电是指客户与供电公司没有直接供用电合同关系，不是由供电公司直接抄表直接收费的实际消费电力用户。如确定客户为非国网直接供电客户时，供电公司不受理其业务，请该类客户自行处理。

话术：先生/女士，由于您不是供电公司的直供客户，建议您找产权单位或有资质的电工处理。

非直供户咨询电价问题：非直供户电价是转供户与被转供户相互约定的，非直供户电价由转供户用电电价、用电损耗、分时电费损益等构成。

非直供户咨询抄表问题：非直供户不是供电公司直接抄表直接收费的，供电公司不负责抄表。供电公司只对直供户进行抄表。

备注：（相关应答话术）可初步判断您为物业公司（电厂管辖）的非国网直供户，您应该找所属供电单位自行处理。

商住楼客户咨询故障维修费问题：转供单位其用电设备和电费都交由转供单位，不属于供电公司直接客户，故障维修由产权单位转供单位承担。

六、赔偿

1.家电赔偿

接到客户反映因供电公司原因引起电器烧坏情况后，应详细记录客户编号、客户名称、地址、家电损坏的时间及损坏的电器，根据相关业务规范派发工单，供电公司会尽快赶赴现场进行调查、核实。

（1）家电损坏处理流程：

1）居民客户、低压非居民客户：客服专员询问客户的户号、联系电话、联系人、何时发生故障、哪些家电损坏等相关信息，根据相关业务规范进行处理。

话术：您的情况我处已为您反映，会有供电公司工作人员根据现场实际情况核实后尽快联系您。

2）高压非居民客户：高压客户受电设备赔偿事宜应请客户与其用电检查员联系，如客户无法联系用电检查员，或要求客服专员与其联系，客服专员应询问客户的户号、联系电话、联系人、何时发生故障、哪些家电损坏等相关信息，根据相关业务规范进行处理。

话术：您的情况我处已为您反映，会有供电公司工作人员根据现场实际情况核实后尽快联系您。

（2）家电损坏责任归属认定：客户报修家电赔偿后，供电单位根据客户陈述进行初步判断，如确不属电力公司责任，将明确告知报修人；如无法通过描述判断责任归属的，将会安排人员（供电单位人员或供电单位委托的第三方保险公司人员）到现场进行勘察，如属电力公司责任，供电单位委派维修公司人员前往现场维修，如不属电力公司责任，供电单位会直接联系客户进行解释。

2. 客户用电问题及处理

问：供电公司有权砍伐我家的树木吗？

答：如果您家的树木在电力设施保护区内可能危及电力设施安全的，电力企业可以进行清障。

问：电力施工人员在建设过程中砍伐了我家的树木，是否赔偿？

答：新建架空电力电缆建设工程，需要砍伐的树木由建设单位按国家规定一次性补偿费用，并签订不再在通道内种植树木的协议。协议签订后，在依法划定的电力设施保护区内砍伐树木不支付任何费用。

问：在哪办理电动汽车充换电设施？需携带哪些资料？

答：您可以下载"网上国网"App或者关注安徽电力微信公众号进行线上办电申请，或者携带下列资料前往营业厅即可办理。

居民低压客户需提供居民身份证、固定车位产权证明或产权单位许可证明、物业出具同意使用充换电设施的证明材料。

非居民客户需提供身份证、固定车位产权证明或产权单位许可证明、停车位（库）平面图、物业出具允许施工的证明等资料，高压客户还需提供政府职能部门批复文件等证明材料。

问：电动汽车充换电设施建设投资如何界定？充换电设施建设方要缴纳哪些费用？

答：客户充换电设施受电及接入系统工程由客户投资建设对应用覆盖率达到一定规模的居住区，由供电公司新建低压配网，保证电动汽车充换电设施用电需求，供电公司受理充换电设施用电业务不收取任何服务费用。

问：我的电动汽车去充电桩充电，电价多少？

答：您在非营业性场所充电（如：居民小区或者在执行居民电价的学校、医院等）中设置的充电设施用电，在居民合表用户的电价 0.5853 元／千瓦时基础上，每千瓦时平段上浮 0.03 元，低谷下浮 0.25 元。

高速公路充电执行大工业电价（峰：0.9417 元，谷：0.3972 元，平：0.6347 元）

问：变电站离我家房屋距离过近，是否有辐射？

答：供电公司变电站的新建须通过环保部门认可的环境评测后方可建设，不会对居民的生活产生影响，请您放心，如果您仍有疑虑，可请环保部门进行实地检测。

问：变压器离我家房屋距离过近，是否有辐射？

答：变压器在选址时经过了规划部门的批准，《中华人民共和国电力行业标准》。变压器工作时的微量电磁波会被变压器外壳屏蔽，对您的正常生活不会造成影响。如果您仍有疑虑，可请环保部门进行实地检测。

问：为什么有的地方农网改造，有的地方不改？

答：农网改造根据国家相关规定及供电设备状况统筹安排，根据您提供的情况进行改造。

问：农网改造是否收取客户费用？

答：农网改造一般不收取客户费用，但表后线及设施材料由客户出资，供电部门可以免费帮客户改造。

问：我是远程费控客户，预存过电费，怎么停电了？

答：系统显示您的预存余额不足，已达到停电阈值。建议您尽快缴费，缴费后等待15～30分钟，系统将自动恢复供电，若系统复电不成功，请和我们联系，我们迅速帮您恢复供电。

问：我们家家电烧坏了（未超过7天），如何处理？

答：根据《居民用户家用电器损坏处理办法》第七条，您在家用电器损坏7日内，向供电企业提出索赔要求，我们将联系保险公司在24小时内派员赴现场进行调查、核实，请您保持手机畅通（受理需留下客户手机号，传递至相关部门或者相关处理人员）。

问：我们家家电烧坏了（超过7天），如何处理？

答：根据《居民用户家用电器损坏处理办法》第七条，您应该在家用电器损坏7日内，向供电企业提出索赔要求，超过7日，视为您自动放弃索赔权，供电企业不再负责赔偿。

问：我们家家电赔偿为什么这么少？

答：按照《居民用户家用电器损坏处理办法》，对可修复的进行修复处理。对不可修复的进行赔偿。6个月以内的，按原价赔偿；6个月以上的，按折旧后的价格赔偿。赔偿金额的多少及兑现都由保险公司负责。

问：我家中停电了，怎么回事？

答：（情况一：系统查询客户属欠费停电）系统显示您是欠费停电，请您尽快缴纳电费，在电费结清后，系统会进行自动复电，或由客户经理上门处理。建议绑定微信公众号或下载"网上国网"App关注并接收每月电费信息。

（情况二：系统查询属违约用电停电）请您至用电检查班接受违约用电处理。（引导客户至××办公室，并留下联系电话）

（情况三：属计划、抢修停电）对不起，因计划/临时故障，您所处的用电线路正在进行抢修，抢修结束后会立即恢复供电，给您带来不便请谅解！抢修进度可拨打本地服务热线进行咨询。

（情况四：客户内部故障停电）您好，停电是因为您家的线路内部故障，请您联系社会上有资质的维修人员或拨打114查询社会电工予以处理，感谢您的理解。

问：单位变压器故障，能不能推荐一个施工单位帮我们维修？

答：您是专变客户，变压器产权归您所有，请您自行联系有资质的单位维修，或通过能监局网站查询有资质的单位维修。

问：我是高压客户，我们这一户停电了，能不能帮我们恢复供电？

答：专变客户内部故障停电不属于我们供电服务范围，请您自行联系有资质的单位或人员来维修，请您谅解。

问：天气这么热，为什么我家停电了？

答：因近期出现的高温天气，用电负荷上升较快，部分电力设施出现故障，现工作人员正在全力组织抢修，会尽快恢复供电，请您耐心等待。

问：停电这么长时间，为什么一会儿有电一会儿又没电，会对电器有伤害吗？

答：您好，目前故障正在抢修当中，在故障排查中可能会出现这种情况，等故障完全修复后就会恢复正常供电，请您耐心等待。这种情况一般不会对家用电器有所损害，如果您担心电器设备安全，您可断开家用电器电源，感谢您的理解和支持。

问：夏季/冬季电量突增，能否上门帮我查看？

答：可能是由于新增大功率家用电器（空调、取暖器等）或者用电习惯的改变导致您电费电量的增加。建议您找有资质的电工将家中空气开关断开，关闭家用电器后，查看电表是不是继续走字。如果判断属供电公司资产故障我们负责为您检验，判断属客户资产故障建议您联系当地质量技术监督部门检验。

第四节　电子渠道知识

一、95598网站

（一）95598网站简介

95598智能互动网站（www.95598.cn）是国家电网公司统一对外服务网站，提供电力信息浏览、网上业务受理、网上缴费、信息自助查询等网络服务功能，为电力客户提供信息咨询、沟通交流和互动服务平台，宣传电动汽车、绿色能源、智能用电等新型业务。95598智能互动网站服务范围已覆盖国家电网27个省（市）电力公司。

95598网站是完善公司客户服务渠道，建设统一的95598智能互动网站，与95598电话业务同步实现网站全业务集中服务，建立网上营业厅，统一受理客户各类用电业务，实现网上交费、网上报装；采用短信、网络等方式，集中开展电费通知与催缴、停限电信息公布，降低公司运营成本；建设智能用电商城，发布产品广告，以零利润运营模式销售推广节能产品，努力打造电力专业综合性服务网站，支持公司增供扩销和节能减排。

（二）95598网站应用

1. 注册账户

（1）点击网站页面右上角【注册】按钮。

（2）输入手机号、验证码、设置密码、确认密码、选择所属地区，勾选"您已阅读并同意《95598网站服务条款》"并点击【注册】。

注："所属地区"的行政区默认为"市辖区"，如客户所在行政区能在下拉菜单中找到，也可选客户所在行政区。激活账号仅能采用手机号操作，已经存在的手机号不能再激活其他账户。如需更改或解绑，客户可在资料更改中更换手机号或拨打95598热线进行解绑。

（3）完成实名验证。填写姓名身份证号及身份证相关扫描件。

（4）验证成功后，系统提示"恭喜您，注册成功！"

注：**个人与家庭账户**是指绑定供电电压为220V用电客户，或者供电电压为380V，且用电类别为"居民生活用电""乡村居民生活用电""城镇居民生活用电""趸售居民生活用电"的用电客户。个人与家庭账户只能绑定同一省（市）的五个用电客户编号。**政府与企业账户**是指绑定除个人与家庭客户以外的用电客户。政府与企业账户只能绑定一个营销用电客户编号。

2. 网站登录

具体步骤如下：

（1）点击网站页面右上角【登录】按钮。

（2）登录方式：

默认登录方式为打开"网上国网"App扫码登录。其他登录方式有两种：方式一输入【用户名/手机号】和【密码】即可登录；方式二输入注册过的手机号码点击获取验证码，输入短信验证码即可登录。

3.网站登录失败原因及处理流程

询问客户网站登录信息（网站账号、密码、验证码）填写是否正确。

（1）如客户表示填写的登录信息正确。

话术：您反映的问题我们将尽快提交给技术人员进行核实处理，给您带来不便请谅解。

操作：记录客户在国网95598智能互动网站注册账号时所绑定的信息，如绑定邮箱、绑定手机、网站账号等，填写电子渠道运营问题登记表，及时反馈给分中心系统运维服务台，运维服务台做好问题收集整理工作，并于每日上午8：30反馈至分中心电子渠道团队，电子渠道团队每日上午9：00反馈至95598网站和"网上国网"运维厂商处理，运维厂商8小时内进行处理结果答复，并将处理结果及时反馈至相应客服部问题提出人员，客服部多媒体座席及时回复客户。

（2）如客户表示忘记网站账号，建议客户可以使用手机号码登录网站。

（3）如客户表示忘记登录密码，建议进行95598网站登录密码找回。

4. 95598网站电量电费查询

操作路径：点击【登录】—【客户服务】—【交费查询】—【电量电费查询】

查询条件：须完成实名认证并绑定用户编号方可查询（新增）。

（1）网站确认成功交费的方法：点击【客户服务】—【我要交费】—【交费查询】—【交费记录】，根据交费时间确定是否－存在缴费记录。

（2）95598网站查询交费记录方法：

1）点击【客户服务】—【我要交费】—【交费查询】—【交费记录】

2）点选起始、结束时间，点击【搜索】。

（3）网站查询记录的周期：95598网站系统最多能查询12个月的付款记录或交费记录。

（4）网站交费后查询付款记录的时间：正常情况下可立即查询到付款记录信息，如交费后未查到相应信息，因网络原因可能会出现延迟，建议稍后再试。

5. 95598网站电费交纳

95598网站网上交费为国家电网公司客户提供了在线交纳电费的服务，目前支持银联交费、支付宝交费、微信交费。

电费交纳方法如下：

（1）完成用户注册并激活账号。

（2）客户登录后进入交费页面，点击首页【客户服务】–【我要交费】–【交费】–交电费。

6. 95598网站户号绑定

国网95598网站个人与家庭账户只能绑定同一省（市）的5个用电客户编号；政府与企业账户只能绑定1个营销用电客户编号。

网站户号绑定方法（国网）：完成用户注册并激活账号，客户登录后进行以下操作。

1）点击页面右上角【我的】；

2）点击【户号管理】；

3）点击【绑定户号】；

4）选择所在地区，输入用电户号，点击【添加户号】；

5）再次确认用户信息，如确认无误，点击【立即绑定】；

6）确认绑定后提示"绑定成功"。

二、"网上国网"App

（一）"网上国网"App由来

"网上国网"App由"掌上电力"App更名而来。2020年1月12日，"掌上电力"App从各大商城开始下架，新版更名为"网上国网"，可在应用商城中搜索"网上国网"下载或者扫描国家电网官方发布的推广二维码下载使用。

（二）下载及登录

1. "网上国网"App下载

用户可以从手机应用商城中下载"网上国网"，在应用商城搜索"网上国网"即可下载，此外，"网上国网"还可以从App中"我的"界面中，通过右上角"分享"功能将"网上国网"官方下载链接分享给他人，在国家电网官方线上或线下推广活动中，用户也可以通过扫描二维码的方式获取"网上国网"的下载链接。除此之外，其他任何途径的下载渠道都非经"网上国网"官方认证及授权，不建议用户通过其他渠道下载"网上国网"。

2.指纹登录

目前，"网上国网"App指纹登录是直接使用手机系统的指纹。用户可在【我的】—【设置】—【登录方式设置】—【指纹登录设置】中开启指纹登陆。

（1）用户手机无指纹功能，"网上国网"App将不会显示指纹登录方式。

（2）用户手机有指纹功能，但用户未录入指纹：开启"网上国网"指纹登录时，系统将提示"请到设置中录入指纹"，客服专员可建议用户前往手机设置中录入指纹后再开启"网上国网"指纹登录。

（3）用户手机有指纹功能，且用户已录入指纹：首次开启"网上国网"指纹登录时，系统将提示"轻触指纹采集器验证已有指纹"，客服专员引导用户直接进行指纹验证即可。

3.老掌电、电e宝、e充电用户登录"网上国网"

如用户之前注册过掌电低压版、掌电企业版、电e宝、e充电等App，"网上国网"不需要重新注册。原账号登录后提示有多个App账户注册，合并账户的规则为："网上国网"会查询该用户名下是否注册过其他国网系App，若存在，将对账户密码及绑定的户号进行合并，在合并账户时，提示用户是否使用目前登录密码为合并密码。默认选择是，统一账户平台记录当前密码为账号登录密码。

（三）功能模块

1."网上国网"全部模块功能

（1）模块介绍："网上国网"App全部业务功能展示页，包含首页、常用功能展示区、最近使用展示区、交费业务区、办电区、查询服务区、能效服务区、电动汽车服务区、新能源业务区、客户服务区，按照服务领域进行分类展示。

"网上国网"共5个功能展示区，分别是首页、资讯、网上营业厅、生活及我的。

（2）功能位置：首页（住宅）→全部功能。

2. "网上国网"住宅模块日用电情况

（1）模块介绍：日用电情况区域主要用于展示用户近7天、近30天及上个月用电量信息，用户可查看该账户绑定的不同户号用电情况以及开具发票。

（2）功能位置：首页（住宅）→电量电费→日用电量。

（3）操作方法：主页面点击"更多"按钮，进入全部功能页面，点击"查询"或下滑页面，找到电量电费图标，点击进入电量电费页面。

电量电费页面上端显示账户默认绑定的户主户号，若该账户绑定多个用电户号，可点击户主户号，进入选择用电户号页面，点击任意需要查询的户号，查询该户号电量电费情况。

电量电费页面默认显示该户号月度电费情况，可点击"日用电量"切换至日用电量页面，显示近7天的用电量情况，以折线图形式展示，向下滑动屏幕，页面显示前一天用电量明细情况（包括谷用电、平用电、峰用电、尖用电电量），以饼图形式展示，其他几天的用电量明细可通过点击日期查看。

注："日用电量"页面内峰谷尖电量仅为参考数据，不是电费结算数据，电费结算数据以电费账单为准。

用户还可切换"近30天""上个月"电量信息，信息展示信息与"近7天"用电量明细相同。

点击【电子发票】，进入电子发票页面，电子发票为月结发票，开票状态为全部发票（包括已开票、未开票），显示近一年、近三个月和近一个月的发票。对开票有疑问可点击右上角"叹号"，页面进行电子发票提示。

（4）"网上国网"调整户号顺序：当用户绑定了同一类型下的多个户号，可以在"网上国网"App首页对应频道内调整户号顺序，以"店铺"为例，当用户绑定了多个店铺（低压非居）户号，可在"店铺"首页长按其中一个户号电费约数字切换至编辑状态，摁住其中一个方块拖动，调整顺序即可。编辑完成后点击"编辑完成"推出编辑状态。

3. "网上国网"户号获取与户主认证

（1）"网上国网"户号获取方式。 客户可以用以下四种方式查询户号：

1）看"如何获取户号"说明：客户可以从电费账单等信息中查看到相应户号。

2）扫描电表获取户号：可以使用App绑定户号页面的扫描按钮扫描客户家电表上的条形码。

注：若电表上没有国家电网标志，则可能不是供电公司直供户，客户会有查询不到的情况。

3）模糊查询户号：输入户名与住宅地址进行模糊查询。

4）致电95598或者去线下营业厅进行查询。

（2）"网上国网"户主认证条件。

1）仅支持低压居民户号进行户主认证。

2）只有完成实名认证中人脸验证或银行卡验证（二者完成一个即可）才可进行户主认证。

3）户主认证时户主信息必须与实名认证的身份证信息一致，即实名认证信息是"张三"的身份信息，只能对户主为"张三"的低压居民户号进行户主认证。

（3）"网上国网"已被户主认证的户号绑定方法：若该户号已经进行过户主认证，则非户主在绑定该户号时会提示需向户主申请绑定，点击"申请绑定"后户主会在"网上国网"App账户收到一条"申请确认"的消息提醒，户主点击"点击处理申请"选择同意后，非户主方可绑定并会收到一条消息提醒，若户主不同意则绑定失败同时非户主也会收到消息提醒。

若该户号没有进行过户主认证，所有用户可直接绑定户号。

4."网上国网"个人分布式光伏一网通办

（1）服务介绍：个人分布式光伏服务"一网通办"是指个人可以通过"网上国网"进行线上分布式发电建设咨询评估，挑选购买合适的分布式光伏发电设备，并选择相应EPC总包单位进行施工建设，同时客户还可以通过"网上国网"向电网企业进行分布式光伏报装全业务流程的线上办理，以实现个人分布式光伏服务"一网通办"的功能。

（2）功能路径：App–新能源–特色服务–光伏一网通办。

（3）"网上国网"个人分布式光伏一网通办服务建站咨询的操作方法。

1）客户注册App、并登录；

2）客户通过"网上国网"【服务】模块进入【分布式光伏服务】模块，选择【一网通办】。

3）依次进点击App新能源首页再进入"一网通办"。

①建站咨询，客户选择房屋类型、屋顶面积、安装地址，预留联系方式，提交建站意向进行咨询；同时客户可选择输入当地地方补贴后得到一份较为详尽的建站投资收益评估。并且App将向客户推送页面向客户确认是否要通过"网上国网"购买分布式光伏发电设备。

②设备采购，客户选择通过"网上国网"购买分布式光伏发电设备，则客户将进入【设备采购】，可选择购买成套光伏电站EPC总包解决方案。完成EPC总包单位选择后App将向客户推送页面向客户确认是否要通过"网上国网"选择线上并网申请。

③光伏新装，客户点击【光伏新装】，填写基本申请信息，上传各类必备申请资料的电子版（户主或经办人身份证正反面、授权委托书、产权证明等其他资料拍照上传）等，自主选择电费及补贴结算支付渠道，并完成经办人手机号信息验证，最后查阅业务办理须知，并完成确认后提交业务办理申请。提示客户是否需要通过"网上国网"进行设备采购。

5."网上国网"家庭电气化模块

（1）模块介绍：家庭电气化服务是指客户进入"网上国网"App家庭电气化模块完成"买家电、送电费（红包）"；推广达人"推家电、享积分"的业务。客户可通过"网上国网"App家庭电气化专区入口进入家庭电气化专区进行产品浏览、搜索，查看商品详情加入购物车、提交订单完成支付的业务。

（2）功能位置：首页→全部功能（新能源）→家庭电气化。

（3）操作方法：客户点击家庭电气化进入电气化专区可进行产品选购、查看我的订单等操作。

1）产品选购：客户在"网上国网"家庭电气化板块进行产品浏览、搜索，查看商品详情加入购物车、提交订单完成支付的业务。

客户可在搜索功能进行产品搜索，搜索后会提供搜索的产品列表展示页面。

客户点击商品列表中的商品后会进入商品详情界面，客户可将商品加入购物车，并在购物车中选中商品进行结算。

客户可对选中的商品提交订单，提交成功后进入提交成功界面，确认金额后点击立即支付进入确认支付页面选择支付方式点击确认支付按钮即可完成支付操作。

2）我的订单：客户在"网上国网"商城我的订单查看订单列表、订单详情，进行物流跟踪、评价晒单、申请售后等业务。

客户可在【我的】中查看【家庭电气化订单】，管理收货地址、退换货售后操作。当查看订单时会进入订单页面显示客户所有订单信息，客户点击查看订单进行订单信息查询，订单详情页面会显示订单详情信息，客户可点击【查看物流】按钮查看物流信息以及点击【购买咨询】按钮进行商品购买咨询，客户可对购买的商品进行评价点击【提交】按钮即可完成商品评价操作。客户同样可对购买的商品进行售后服务申请。客户点击申请售后服务会显示已经申请的退换货记录以及退款记录。客户在对某个商品申请售后服务时可选择申请服务方式主要包括仅退款、退货退款、换货三种；同时填写具体原因，最后点击【确定】按钮完成售后申请操作。

第五节　企业用户相关常识

一、基础常识

1.高压室

凡是对地电压在1000V以上都属于高压，在这个电压段运行的电气设备都是高压设备，由高压配电设备所组成的配电室就叫作高压配电室。高压配电室是电力系统中用于接收高压输电线路电能并进行变压与分配的设备空间。高压配电室内一般安装高压配电柜，配电柜内有隔离刀闸、手车式断路器、真空式断路器、六氟化硫断路器、高压电流互感器、电压互感器等，用来分配、控制、监测、计量。

2.低压室

凡是对地电压在1kV以下属于低压，在这个电压段运行的电气设备都是低压设备，由低压配电设备所组成的配电室就叫作低压室。低压配电室是电力系统中用于将高压电能进一步分配给终端用户的设备空间，室内安装低压配电柜、功率因数自动补偿柜等。

3.闸刀开关

简称"闸刀"，它是手控电器中最简单而使用又较广泛的一种低压电器，由瓷座、刀片、刀座及胶木盖等组成。通常用作隔离电源的开关。

4.空气开关

空气开关是低压配电系统中常见的一种电气设备，它一般具有控制功能和多种保护功能，除了能完成接触和分断电路外，还能对电路或电气设备发生的短路，严重过载及欠电压等进行保护。

5.低压熔断丝

低压熔断丝（俗称"保险丝"），当客户家中出现短路或其他故障时，熔断器会自动熔断以起到保护电表的作用。

6.双电源

双电源是指为同用户负荷供电的两回供电线路，两回供电线路可以来自不同变电站，或者来自不同电源进线的同一变电站内两段母线。

7.备用电源

根据客户在安全、业务和生产上对供电可靠性的实际需求，在主供电源发生故障或断电时，能够有效且连续为全部或部分负荷提供电力的电源称为备用电源。

8.保安电源

保安电源是供给客户保安负荷的电源。保安电源必须是与其他电源无联系而能独立存在的电源，或与其他电源有较弱的联系。当其中一个电源故障断电时，不会导致另一个电源同时损坏的电源。保安电源与其他电源之间必须设置可靠的机械式或电气式连锁装置。

9.应急电源

应急电源是在正常电源发生故障情况下，为确保一级负荷中特别重要负荷的供电电源。

10.均分器

均分器是接在用户电表出线开关下的一种电功率平均分配器。将楼寓公共用电的功率通过计时来平均分配到每一个客户中，达到公平分摊电费的目的。多见于将公共楼道用电所消耗的电能（如楼道灯，对讲防盗门等），自动分配到各受益用户的电表中。均分器归属于物业资产或客户资产，不属于供电资产。

二、供电方式

供电方式可分为低压供电与高压供电、单相供电和三相供电。

1.低压单相供电

用户单相用电设备总容量12kW以下的可以采用低压220V供电，但有单台设备容量超过1kW的单相电焊机、换流设备时，用户应当采取有效的技术措施以消除对电能质量的影响，否则应当改为其他方式供电。

用电设备总容量是指用户在近期或远期用电达到的最大视在功率或受电装置容量的总和，对于低压供电用户，用电设备总容量按照其装设的所有用电设备额定容量总和计算；对于高压供电用户，用电设备总容量按照其与高压供电系统直接连接的所有变压器、不经过变压器的高压电动机等用电设备容量总和计算，包括所有冷备用、热备用和运行的设备。

低压供电电压为220V，三相四线为380/220V，一般是指低压供电客户只需从低压电杆上的低压线路上引入下相线，即低压集束导线引至客户的分界点，即可形成供电回路。目前通常用于380/220V线路，一般适用于用电容量较小的居民和非居民普通客户。低压供电电压曲线如图2-3所示。

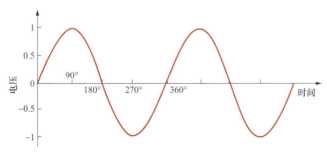

图2-3　低压供电电压曲线

2.高压供电

高压供电为10（6、20）、35、110（66）、220（330）kV 电压供电，一般是指使用三根频率相同，电流相位差120°的交流电同时供电的方式，适用于10kV 及以上的大容量客户和规模化的工业用电。高压供电电压曲线如图2-4所示。

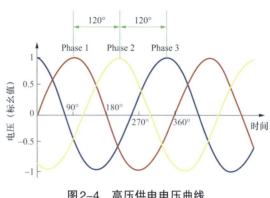

图2-4　高压供电电压曲线

三、电力负荷

电力负荷是指发电厂或电力系统中，在某时刻所承担的各类用电设备消耗的电功率总和。发电厂发出的为发电负荷，用电单位电气设备所消耗的为用电负荷，发电负荷和用电负荷在电力系统是随时平衡的，也就是电力的发、供、用是同时完成的。

（1）根据客户在国民经济中的部门分类：

1）工业用电负荷；

2）农业用电负荷；

3）交通运输用电负荷；

4）照明及市政生活用电负荷。

（2）根据国民经济不同时期的政策和季节要求分类：

1）优先保证供电的重要负荷；

2）一般性供电的非重点负荷；

3）可以暂时限制或停止供电的负荷。

（3）根据对供电可靠性的要求分为三类。

1）**一类负荷**又称一级负荷，是指突然中断供电将会造成人身伤亡或对周围环境的严重污染；突然中断供电将会造成经济上的巨大损失；突然中断供电将影响到重大政治、经济意义的用电单位的正常工作，如重要的铁路枢纽、重要的通信枢纽、重要宾馆及经常用于国际活动的大量人员集中的公共场所等。在一类用电负荷中，当中断供电将发生中毒、爆炸和火灾等情况的负荷，以及特别重要场所的不允许中断供电的负荷，称为特别重要的负荷。

2）**二类负荷**又称二级负荷，是指突然中断供电将在政治、经济上造成较大损失，如主要设备的损坏、大量产品报废、连续生产过程被打乱且需要较长时间才能恢复，重点企业大量减产等；突然中断供电将会影响重要单位的正常工作，如在企业中占比例最大的化工厂连续性生产的大部分负荷，以及大型影剧院、大型商场等大量人员集中的重要的公共场所等。

3）**三类负荷**又称三级负荷，是指不属于一、二类的负荷，短时停电不会带来严重后果的负荷。

（4）按发、供、用关系分类：

1）**用电负荷**，是指用户的用电设备在某一时刻实际取用的功率总和。

2）**线路损失负荷**，电能从发电厂到用户的输送过程中，不可避免地会发生功率和能量的损失，与这种损失相对应的发电功率叫线路损失负荷。

3）**供电负荷**，用电负荷加上同一时刻的线路损失负荷，是发电厂对外供电时所承担的全部负荷，称为供电负荷。

4）**厂用电负荷**，发电厂在发电过程中要耗用一部分功率和电能，这些厂用电设备所消耗的功率，称为厂用电负荷。

5）**发电负荷**，供电负荷加上同一时刻各发电厂的厂用电负荷，构成电网的全部生产负荷，称为电网发电负荷。

（5）按电力系统中负荷发生的时间对负荷分类：

1）**高峰负荷**又称最大负荷，是指电网或用户在一天24小时内所发生的最大负荷值，常选一天24小时中最高的一个小时的平均负荷作为高峰负荷。高峰负荷又分为日高峰负荷和晚高峰负荷。

2）**低谷负荷**又称最小负荷，是指电网或用户在一天24小时内用电量最少的一个小时的平均负荷。对电力系统来说，峰、谷负荷差越小，用电越趋于合理。

3）**平段负荷，**是指电网或用户在某一确定时间段的平均小时用电量。

四、零线和地线

1.零线

零线是变压器二次侧中性点（N）引出的线路，与相线（L）构成回路，对用电设备进行供电。

2.地线

地线是用来将电流引入大地的导线，电气设备漏电或电压过高时，电流通过地线进入大地。地线分为重复接地线和单户接地线：重复接地线是单元的总接地线，它断掉后，会引起三相线路相电压升高至线电压，会引起家电损坏；单户接地线是居民家中另行布置的接地线，属于工作保护类。

3.中性线

变压器、发电机的绕组中有一点，此点与外部各接线端间的电压绝对值均相等，这一点就称为中性点，由中性点引出的导线称为中性线。

4.三根相线

为了使交流电有很方便的动力转换功能，通常工业用电采用三相正弦交流电且电流相位（反映电流的方向大小）相互相差120°。通常将每一根这样的导线称为相线（火线）。

五、电表箱常识

1.居民集中表箱

居民集中表箱是指将居民客户的电表统一集中安放在居民楼房的楼道内，一般装设一楼、一楼半，如图2-5所示。

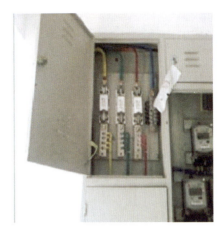

图2-5　居民集中表箱

2.端子排

端子排位于集中电表箱的下缘，如图2-6所示，便于对电能表的进、出线进行更换。

图2-6　端子排

六、产权分界常识

线路设备按照产权归属进行划分，产权属于电网公司所有的电力设施线路设备由电网公司负责维护管理，产权归用户所有的自维线路设备，其运维工作由用户负责。其中供电部门与用户电器设备的维护管理范围的分界点称为产权分界点，供电设施的运行维护管理范围，按产权归属确定。

供电设施产权分界点判定标准如下：

（1）公用低压线路供电的，以供电接户线用户端最后支持物为分界点，支持物属供电企业。

（2）10kV及以下公用高压线路供电的，以用户厂界外或配电室前的第一断路器或第一支持物为分界点，第一断路器或第一支持物属供电企业。

（3）35kV及以上公用高压线路供电的，以用户厂界外或用户变电站外第一基电杆为分界点，第一基电杆属供电企业。

（4）采用电缆供电的，本着便于维护管理的原则，分界点由供电企业与用户协商确定。

（5）产权属于用户且由用户运行维护的线路，以公用线路分支杆或专用线路接引的公用变电站外第一基电杆为分界点，专用线路第一基电杆属用户。

（6）产权属于用户且由用户运行维护的线路，以公用线路分支杆或专用线路接引的公用变电站外第一基电杆为分界点，专用线路第一基电杆属用户。

（7）在电气上的具体分界点，由供用双方协商确定。

七、供电安全距离常识

根据DL/T 741—2019《架空输电线路运行规程》和DL/T 5220—2021《10kV及以下架空配电线路设计技术规程》的规定，各电压等级线路应与建筑物保持一定的安全距离，最小垂直距离见表2-6。

表2-6　　　　　　　　各电压等级线路与建筑物的安全距离

电压等级	输配电线路与建筑物之间的最小垂直距离（m）
0.4kV及以下	2.5
10kV	3
35kV	4
110kV	5
220kV	6

电压等级	输配电线路与建筑物之间的最小垂直距离（m）
500kV	9
电压等级	在计算最大风偏情况下距建筑物的水平安全距离（m）
1kV以下	1.0
1~10kV	1.5
35kV	3.0
110kV	4.0
220kV	5.0
500kV	8.5

八、架空电力线路保护区

架空电力线路保护区是为了保证已建架空电力线路的安全运行和保障人民生活的正常供电而必须设置的安全区域。保护区范围为导线边线向外侧延伸所形成的两平行线内的区域，在一般地区各级电压导线的边线延伸距离为220kV 15m，500kV 20m。

九、电力线路伤害

依据《电力设施保护条例》（2011年1月8日修订版）第14条，危害电力线路行为具体如下：

1）向电力线路设施射击；

2）向导线抛掷物体；

3）在架空电力线路导线两侧各300m的区域内放风筝；

4）擅自在导线上接用电器设备；

5）擅自攀登杆塔或在杆塔上架设电力线、通信线、广播线，安装广播喇叭；

6）利用杆塔、拉线作起重牵引地锚；

7）在杆塔、拉线上拴牲畜、悬挂物体、攀附农作物；

8）在杆塔、拉线基础的规定范围内取土、打桩、钻探、开挖或倾倒酸、碱、盐及其他有害化学物品；

9）在杆塔内（不含杆塔与杆塔之间）或杆塔与拉线之间修筑道路；

10）拆卸杆塔或拉线上的器材，移动、损坏永久性标志或标志牌；

11）其他危害电力线路设施的行为。

第三章

95598 业务

第一节　投诉、意见等服务工单受理渠道

受理客户诉求渠道包括95598、12398、政府等服务热线、"网上国网"App等。

一、"95598"服务内容

（1）"95598"客户服务热线：停电信息公告、电力故障报修、服务质量投诉、用电信息查询、咨询、业务受理等。

（2）"95598"客户服务网页（网站）：停电信息公告、用电信息查询、业务办理信息查询、供用电政策法规查询、服务质量投诉等。

（3）24小时不间断服务。

二、"95598"客户服务热线服务规范

（1）时刻保持电话畅通，电话铃响3声内接听，超过3声应道歉。应答时要首先问候，然后报出单位名称和工号。

（2）接听电话时，应做到语言亲切、语气诚恳、语音清晰、语速适中、语调平和、言简意赅。应根据实际情况随时说"是""对"等，以示在专心聆听，重要内容要注意重复、确认。通话结束，须等客户先挂断电话后再挂电话，不可强行挂断。

（3）受理客户咨询时，应耐心、细致，尽量少用生僻的电力专业术语，以免影响与客户的交流效果。如不能当即答复，应向客户致歉，并留下联系电话，经研究或请示领导后，尽快答复。客户咨询或投诉叙述不清时，应用客气周到的语言引导或提示客户，不随意打断客人的话语。

（4）核对客户资料时（姓名、地址等），对于多音字应选择中性词或褒义词，避免使用贬义词或反面人物名字。

（5）接到客户报修时，应详细询问故障情况。如判断确属供电企业抢修范围内的

故障或无法判断故障原因，应详细记录，立即通知抢修部门前去处理。如判断属客户内部故障，可电话引导客户排查故障，也可应客户要求提供抢修服务，但要事先向客户说明产权分界点。

（6）因输配电设备事故、检修引起停电，客户询问时，应告知客户停电原因，并主动致歉。

（7）客户打错电话时，应礼貌地说明情况。对带有主观恶意的骚扰电话，可用恰当的言语警告后先行挂断电话并向值长或主管汇报。

（8）客户来电话发泄怒气时，应仔细倾听并做记录，对客户讲话应有所反应，并表示体谅对方的情绪。如感到难以处理时，应适时地将电话转给值长、主管等，避免与客户发生正面冲突。

（9）建立客户回访制度。对客户投诉，应100%跟踪投诉受理全过程，5天内答复。对故障报修，必要时在修复后及时进行回访，听取意见和建议。

三、"95598"客户服务网页（网站）服务规范

（1）网页制作应直观，色彩明快。首页应有明显的"供电客户服务"字样。为方便客户使用，应设有导航服务系统。

（2）网页内容应及时更新。

（3）网上开通业务受理项目的，应提供方便客户填写的表格以及办理各项业务的说明资料。

（4）网上应设立咨询台、留言簿，管理员应及时对客户的意见和建议进行回复。

第二节　对营业厅服务方面投诉、意见的判定规则

一、营业厅投诉

地市、县公司相关业务部门应在国网客服中心受理客户诉求后24小时内联系客户

（保密工单除外），3个工作日内处理、答复客户并审核、反馈处理意见。

1.营业厅人员服务行为（服务投诉—服务行为—营业厅人员服务行为）

业务场景1【营业厅人员服务态度】【红线】

客户反映到营业厅办理业务时（含电话服务），营业厅人员服务态度存在谩骂、推诿搪塞、威胁、侮辱客户，使用不礼貌、不文明用语回复客户，与客户争吵、发生肢体冲突的行为。

判定要点：

（1）确认为供电营业厅工作人员。确认是为客户提供用电服务、与客户发生服务接触的工作人员（除保安、保洁人员）。

（2）确认在营业时间内。

（3）确认出现服务态度差行为。服务中（含电话服务）存在推诿搪塞、谩骂、威胁、侮辱客户，使用不文明、不礼貌用语回复客户，与客户争吵、发生肢体冲突等行为。

（4）确认符合事件时限。客户反映以上事项在3个月以内，或超过3个月及以上但客户可以提供证据的。

（5）确认排除以下情况。无正当理由对前期回单不认可、对国家或公司相关政策不认可、欠费未交导致停电等供电公司未满足其不正当诉求引发的服务态度问题。

业务场景2【营业厅人员服务行为】【红线】

营业厅人员在服务过程中（含电话服务）未履行一次告知制和首问负责制造成客户重复往返；营业窗口人员做与工作无关的事，工作时间饮酒及酒后上岗、泄露客户信息、投诉工单未在24小时内联系客户。

判定要点：

（1）确认为供电营业厅工作人员。确认是为客户提供用电服务、与客户发生服务接触的工作人员（除保安、保洁人员）。

（2）确认在营业时间内。

（3）确认出现服务违规行为。服务中（含电话服务）未履行一次告知制和首问负责制造成客户重复往返、营业窗口人员做与工作无关的事、工作时间饮酒及酒后上岗、泄露客户信息、投诉工单未在24小时内联系客户。

（4）确认符合事件时限。客户反映以上事项在3个月以内，或超过3个月及以上但客户可以提供证据的。

（5）确认排除以下情况。无正当理由对前期回单不认可、对国家或公司相关政策不认可、欠费未交导致停电等供电公司未满足其不正当诉求引发的服务规范问题。

2.营业厅意见

地市、县公司应在国网客服中心受理客户诉求后9个工作日内处理、答复客户并审核、反馈处理意见，国网客户中心在接到回复工单后1个工作日内回复（回访）客户。

二、营业厅服务（意见—供电服务—服务渠道—营业厅服务）

业务场景1【营业厅服务】【客户无投诉意愿】

（1）营业厅对外公示的服务项目、服务时间与实际提供的不符。

（2）公示营业厅可以互联网查询业务，但营业厅无连接互联网的电脑，无法提供此类服务。

（3）客户反映对外公示的服务时间与实际提供的不符。

（4）客户认为营业窗口开放少。

（5）客户反映营业厅设施存在问题。

业务场景2【营业厅人员行为规范】【客户无投诉意愿】

营业厅人员服务过程中未唱收唱付，未正确引导客户办理相关业务、承诺未兑现、营业厅人员在电话服务过程中无故挂断电话等服务问题。

客户对营业厅人员服务存在不满，如：客户对工作人员服务态度和行为规范有投诉意愿，但客户权利被侵害起3个月及以上客户无证据提供；客户对工作人员因非工作原因发生的行为表示不满；工作人员在服务过程中未唱收唱付，未正确引导客户办理相关业务，存在承诺未兑现等服务不规范等引起客户不满；电话服务过程中无故挂断电话；工作人员存在怠慢、冷漠、不耐烦、不热情、不回应、不搭理、对客户冷言冷语等态度问题。

第三节　涉及营业厅的重要服务事项报备

一、重要服务事项定义

重要服务事项是指在供用电过程中，因不可抗力、配合政府工作、系统改造升级、新业务推广等原因，可能给客户用电带来影响的事项，或因客户不合理诉求可能给供电服务工作造成影响的事项。

二、重要服务事项报备范围

《国家电网有限公司95598客户服务业务管理办法》（国家电网企管〔2022〕48号）规定重要服务事项报备范围如下：

（1）配合军事机构、司法机关、县级及以上政府机构工作，需要采取停限电或限制接电等措施影响供电服务的事项。包括安全维稳、房屋拆迁、污染治理、产业结构调整、非法生产治理、紧急避险等对电力客户中止供电或限制接电的事项，以及地市级及以上政府批准执行的有序用电（需求响应）等。

（2）因系统升级、改造无法为客户提供正常服务，对供电服务造成较大影响的事项。包括营销业务应用系统、"网上国网"、网上营业厅、充电设施大面积离线、"e充电"App异常等面向客户服务的平台及第三方支付平台。

（3）因地震、泥石流、洪水灾害、龙卷风、山体滑坡、森林火灾，以及经县级及以上气象台、政府机关部门发布的符合应用级别的预警恶劣天气造成较大范围停电、供电营业厅或第三方服务网点等服务中断、无法及时到达服务现场，对供电服务有较大影响的事项。

（4）供电公司确已按相关规定答复处理，但客户诉求仍超出国家有关规定的，对供电服务有较大影响的最终答复事项。包括青苗赔偿（含占地赔偿、线下树苗砍伐）、停电损失、家电赔偿、建筑物（构筑物）损坏引发经济纠纷，或充电过程中发生的车辆及财物赔偿等各类赔偿事件引发的纠纷；因触电、电力施工、电力设施安全隐患等引发的伤残或死亡事件；因醉酒、精神异常、限制民事行为能力的人提出无理要求；因供电公司电力设施（如杆塔、线路、变压器、计量装置、分支箱、充电桩等）的安装位置、安全距离、施工受阻、噪声、计量装置校验结果和电磁辐射引发纠纷，非供电公司产权设备引发纠纷；因员工信贷问题、已进入司法程序或对司法判决结果不认可引发的纠纷问题。

（5）因私人问题引起的经济纠纷、个人恩怨、用户不满司法判决或处罚结果，可能引起的恶意投诉事项。

三、重要服务事项报备内容

（1）重要服务事项报备内容应包括申请单位、申报区域、事件类型、事件发生时间、影响结束时间、申请人联系方式、上报内容、应对话术及相关支撑附件。客户资料颗粒度应尽量细化，原则上除了报备范围（3）的重要服务事项以外，均需要在影响范围中录入客户明细（客户户名、用户编号、详细地址或联系方式），其中涉及整台区业务的，应通过营销系统推送客户资料。

（2）报备内容中应简述问题处理过程，如起因、事件发展过程、联系客户处理结果等。

（3）报备内容中应包含国网客服中心受理客户诉求时的参考话术，采用一问一答的形式，问答需涵盖报备事项要点，答复用语文明规范。

（4）附件提供的相关支撑材料应包括重要服务事项的相关证明文件或照片。

（5）报备的起止时间必须准确，配合政府停限电以文件通知期限为准，最终答复事项应结合实际确定，但最长均不超过6个月，其余重要服务事项时间跨度原则上不应超过3个月，超过需再次报备。

（6）重要服务事项报备起止时间原则上应精确至小时。

第四节　95598一般诉求业务处理规范

一、一般诉求业务定义

一般诉求业务是指客户通过95598电话、95598网站、在线服务、微信公众号等渠道反映以及12398、公司巡视办及营销服务舆情转办的举报（行风问题线索移交）、意见（建议）、业务申请、查询咨询诉求业务。

二、一般诉求业务分类及类型

（1）**举报（行风问题线索移交）**是指客户对供电企业内部存在的徇私舞弊、吃拿卡要等行为或外部人员存在的窃电、破坏和偷窃电力设施等违法行为进行检举的诉求业务，主要包括行风问题线索移交、窃电、违约用电、破坏和偷盗电力设施等。

（2）**意见（建议）**是指客户对供电企业在供电服务、供电业务、停送电问题、供电质量问题、电网建设、充电服务、充电设施建设等方面存在意见或建议而提出的诉求业务。

（3）**业务申请**是指客户向供电企业提出业务办理申请，或需协助、配合开展现场服务的诉求业务。主要包括新装增容及用电变更申请、用电信息变更、用电异常核实等。

（4）**查询咨询**是指客户对各类供电服务信息、业务办理情况、电力常识等问题的自助查询及业务询问，对供电企业在供电服务等方面提出的表扬，以及通过线上渠道申请办理的业扩报装、用电变更等诉求业务。

三、一般诉求业务受理

（一）举报（行风问题线索移交）

（1）国网客服中心应在客户挂断电话后20分钟内，详细记录客户信息、举报内容、联系方式、是否要求回访等信息，选择举报类型与处理单位，并尊重举报人匿名、保密要求，生成举报业务工单，派发至市、县供电服务指挥中心、国网电动汽车公司。

（2）12398、公司巡视办转办、营销服务舆情中的举报（行风问题线索移交）诉求，分别由省（市）公司、国网客服中心在接到后20分钟内完成工单录入（具体要求按照电话受理规范执行）。

（3）涉及党风廉政建设方面的行风问题举报，国网客服中心应按时移交驻公司纪检监察组处理。

（二）意见（建议）

（1）国网客服中心应详细记录客户信息、意见（建议）内容、联系方式、是否要求回访等信息，选择意见（建议）类型与处理单位，并尊重客户匿名、保密要求，20分钟内派发意见（建议）业务工单至各省营销服务中心、国网电动汽车公司、国网电商公司。

（2）12398、公司巡视办转办、营销服务舆情中的意见（建议）诉求，分别由省（市）公司、国网客服中心在接到后20分钟内完成工单录入（具体要求参照电话受理规范执行）。

（三）业务申请

国网客服中心受理客户业务申请后，应详细记录客户信息、反映内容、联系方式、是否需要回访等信息，根据客户反映的内容，准确选择业务类型与处理单位，生成业务申请工单。客户挂断电话后20分钟内完成工单审核，并派发至市、县供电服务指挥中心，省电动汽车地市分支机构、国网电商公司。

（四）查询咨询

1.信息查询

国网客服中心通过95598电话智能客服、95598网站、在线服务等自助查询方式向客户提供信息查询服务。

2.客户咨询

国网客服中心、省营销服务中心（设有少数民族座席的）受理客户咨询或国网客服中心接收到外部渠道转办的客户咨询后，应详细记录客户信息、咨询内容、联系方式、是否需要回复等信息。通过知识库、用户基本信息、停送电信息、业务工单查询咨询等，能直接答复的，应直接答复办结工单；不能直接答复的，详细记录客户诉求，准确选择查询咨询类型与处理单位，客户挂断电话后20分钟内派发至市、县供电服务指挥中心，省电动汽车地市分支机构、国网电商公司。

客户查询咨询用电信息时，国网客服中心应通过开放式问题与客户核对客户户名、客户编号、用电地址等客户档案信息，在核实客户身份后方可向客户提供查询咨询服务。

对于客户反映供电企业员工因社会行为违法违规等与供用电业务无关的诉求，客服专员应尽量安抚客户，使用规范话术引导客户通过合法渠道反映并办结。

3.表扬

国网客服中心受理客户表扬或接收到外部渠道转办的客户表扬后，应详细记录客户信息、反映内容、联系方式等信息，准确选择业务类型与处理部门，客户挂断电话后或接到外部渠道转办诉求后20分钟内派发至市、县供电服务指挥中心，省电动汽车地市分支机构、国网电商公司。

4.线上办电审核

国网客服中心在接到办电申请后，5分钟内审核办电申请资料，因信息不完整、资料不清晰等原因，审核不通过的线上办电申请，应填写不通过原因，回退至客户申请环节。审核通过的线上办电申请，派发至相应供电所或营业厅。

对国网电动汽车公司、省电动汽车地市分支机构、国网电商公司、省营销服务中心及市、县供电服务指挥中心回退的一般诉求工单，国网客服中心应核对受理信息，60分钟内办结或重新派发。

四、接单分理

（1）国网电动汽车公司、省电动汽车地市分支机构、国网电商公司、省营销服务中心及县供电服务指挥中心，接收工单后，需在24小时内联系客户或处理的工单，应在2小时内，完成接单转派或退单；其他的工单，应在2个工作小时内，完成接单转派或退单。如可直接处理，按照业务处理时限要求完成。

（2）供电所、营业厅在接到线上办电工单后，应在2个工作小时内，完成接单转派或退单，如可直接处理，按照业务处理时限要求完成。

（3）符合以下条件的，工单接收单位应将工单回退至派发单位，重新派发或向客户解释说明，办结工单：

1）非本单位区域内的业务，应注明其可能所属的供电区域后退单；

2）国网客服中心记录的客户信息有误或核心内容缺失，接单部门无法处理的；

3）业务类别及子类选择错误；

4）知识库中的知识点、重要服务事项报备可正确解答客户诉求，且客户无异议的。

五、一般诉求处理

业务处理部门在接到客户一般诉求后，在如下时限内按要求开展调查处理，并完成工单反馈。

（1）举报（行风问题线索移交）、意见（建议）工单9个工作日处理并回复工单。

（2）业务办理各子类业务工单处理时限要求：

1）已结清欠费的复电登记业务24小时内为客户恢复送电，送电后1个工作日内回复工单。

2）电器损坏业务24小时内到达现场核查，业务处理完毕后1个工作日内回复工单。

3）办电预受理业务1个工作日内核实并回复工单。

4）服务平台系统异常业务3个工作日内核实并回复工单。其中95598网站、在线服务等系统异常客户诉求，首派至国网客服中心，经研判需由省公司协助处理的，应在受理客户诉求后1个工作日内转派至省公司，省公司在1个工作日内处理并回复。

5）电能表异常、电表数据异常、校验电表业务5个工作日内处理并回复工单。

6）其他业务申请类工单5个工作日内处理完毕并回复工单。

（3）查询咨询（信息查询、客户咨询、表扬、线上办电审核）业务处理时限要求：

1）客户咨询：2个工作日内处理并回复工单。

2）表扬：4个工作日内核实。

3）线上办电审核：根据客户办电类型在规定时间内处理并回复工单。

六、回单审核

国网电动汽车公司，国网电商公司，省营销服务中心，地市、县公司对回单质量进行审核，发现工单回复内容存在以下问题的，应将工单回退至处理部门再次处理：

1）未对客户提出的诉求进行答复或答复不全面、表述不清楚、逻辑不对应的；

2）未向客户沟通解释处理结果的（除匿名、保密工单外）；

3）应提供而未提供相关诉求处理依据的；

4）承办部门回复内容明显违背公司相关规定；

5）其他经审核应回退的。

七、工单回复（回访）

（1）国网客服中心对于接收的举报（行风问题线索移交）、意见（建议）、业务办理、查询咨询（业务询问、线上办电审核）工单，除客户明确提出不需回复（回访）、匿名、外部渠道转办诉求中无联系方式的工单外，应在收到工单反馈结果后1个工作日内开展工单的回复（回访）工作，并如实记录客户意见和满意度评价。

（2）针对不认可国家及公司政策、已进入司法程序、无明确用电诉求要求领导联系等诉求，处理单位可在回单时标记【无理诉求客户】，此类工单仅开展一次短信回访；客户主叫号码为网络虚拟号的工单，仅开展一次短信回访。

（3）国网客服中心在回复（回访）过程中，对工单填写存在不规范、回复结果未对客户诉求逐一答复、回复结果违反有关政策法规、工单填写内容与回复（回访）客户结果不一致，且基层单位未提供有效证明材料或客户对证明材料有异议的，客户要求合理的，填写退单原因及依据后将工单回退至工单提交部门。

八、工单催办

（1）国网客服中心受理客户催办诉求后，10分钟内派发催办工单，催办工单流程与被催办工单一致。省营销服务中心、地市公司供电服务指挥中心、国网电动汽车公司、省电动汽车地市分支机构、国网电商公司在工作日10分钟内完成接单转派处理。

（2）客户再次来电要求补充相关资料，须详细记录并派发催办工单。催办次数原则上不超过2次，对于存在服务风险的，按照客户诉求派发催办工单。

（3）客户催办时提出新的诉求，派发相应业务类型工单。

（4）客户通过95598网站、在线服务等渠道提交的线上办电申请，国网客服中心在该项业务处理时限到期前2个工作日，自动生成催办工单，直接派发至供电所或营业厅。

第五节　95598故障报修业务处理规范

一、故障报修定义

故障报修业务是指客户通过95598电话、95598网站、在线服务、微信公众号等渠道反映的故障停电、电能质量、充电设施故障或存在安全隐患须紧急处理的电力设施故障诉求业务。

二、故障报修类型

故障报修类型分为高压故障、低压故障、电能质量故障、非电力故障、计量故障、充电设施故障六类。

（1）**高压故障**是指电力系统中高压电气设备（电压等级在1kV以上者）的故障，

主要包括高压线路、高压变电设备故障等。

（2）**低压故障**是指电力系统低压电气设备（电压等级在1kV及以下者）的故障，主要包括低压线路、进户装置、低压公共设备等。

（3）**电能质量故障**是指由于供电电压偏差或波动导致用电设备无法正常工作的故障，主要包括电压高、电压低、电压波动等。

（4）**非电力故障**是指供电企业产权的供电设施损坏但暂时不影响运行、非供电企业产权的电力设备设施发生故障、非电力设施发生故障等情况，主要包括客户误报、紧急消缺、第三方资产（非电力设施）、客户内部故障等。

（5）**计量故障**是指计量设备、用电采集设备故障，主要包括高压计量设备、低压计量设备、用电信息采集设备故障等。

（6）**充电设施故障**是指充电设施无法正常使用或存在安全隐患等情况，主要包括充电桩故障、设备损坏等。

三、故障报修分级

根据客户报修故障的重要程度、停电影响范围、危害程度等将故障报修业务分为紧急、一般两个等级。

（1）符合下列情形之一的，为**紧急故障报修**：

1）已经或可能引发人身伤亡的电力设施安全隐患或故障；

2）已经或可能引发人员密集公共场所秩序混乱的电力设施安全隐患或故障；

3）已经或可能引发严重环境污染的电力设施安全隐患或故障；

4）已经或可能对高危及重要客户造成重大损失或影响安全、可靠供电的电力设施安全隐患或故障；

5）重要活动电力保障期间发生影响安全、可靠供电的电力设施安全隐患或故障；

6）已经或可能在经济上造成较大损失的电力设施安全隐患或故障；

7）已经或可能引发服务舆情风险的电力设施安全隐患或故障。

（2）**一般故障报修**：除紧急故障报修外的故障报修。

四、故障报修运行模式

国网客服中心受理客户故障报修业务后，直接派单至地市、县公司配网抢修指挥相关班组，由配网抢修指挥相关班组开展接单、故障研判和抢修派单等工作。在抢修人员完成故障抢修后，具备远程终端或手持终端的单位由抢修人员填单，配网抢修指挥相关班组审核后回复故障报修工单；不具备远程终端或手持终端的单位，暂由配网抢修指挥相关班组填单并回复故障报修工单。国网客服中心根据报修工单的回复内容，回访客户。

国网客服中心受理充电设施报修业务后，派单至省电动汽车公司，省电动汽车公司在接到工单后由系统自动识别派发至相应省电动汽车公司地市分支机构，开展接单、故障研判、抢修处理及回复等工作。在抢修人员完成故障抢修后，具备远程终端或手持终端的单位由抢修人员回复故障报修工单，抢修处理部门审核后回复故障报修工单；不具备远程终端或手持终端的单位，暂由抢修处理部门填单并回复故障报修工单。国网客服中心根据报修工单的回复内容，回访客户。

五、故障报修业务流程

（一）故障报修受理

（1）国网客服中心受理客户故障报修、紧急非抢修类业务，应详细记录客户故障报修的用电地址（充电站地址）、客户姓名、客户编号（充电设备编号、充电卡号等）、联系方式、故障现象、客户感知等信息。

（2）国网客服中心受理客户故障报修时，对可根据用电信息采集信息、停电信息及分析到户信息、充电设施停用状态信息答复的，详细记录客户信息后办结；对可确定是客户内部故障的，建议客户联系产权单位、物业或有资质的施工单位处理，详细记录客户信息后办结；对可确定是充电设施假性故障的，帮助客户排查解决，详细记录客户信息后办结；对客户多次以故障报修名义拨打电话，但实际现场无故障，构成公司资源占用、恶意骚扰的，经属地核实确认并提供有效证据后办结。

（二）工单派发

（1）客户挂断电话或会话结束后2分钟内，客服专员应根据客户的诉求及故障分级标准选择故障报修等级，生成故障报修工单。

（2）对回退的工单，派发单位应在回退后3分钟内重新核对受理信息并再次派发。

（三）工单接收

（1）地市、县公司配网抢修指挥班组、省电动汽车公司地市分支机构应在国网客服中心派发工单后3分钟内完成接单或退单，接单后应及时对故障报修工单进行故障研判和抢修派单。对于工单派发错误及信息不全等影响故障研判及抢修派单的情况，要及时将工单回退。

（2）省电动汽车公司接到省电动汽车公司地市分支机构回退工单后3分钟内完成重新派单或退单，符合退单条件的工单退回国网客服中心，核实后重新派单。

（四）故障报修处理

（1）抢修人员接到地市、县公司配网抢修指挥班组派单后，对于非本单位职责范围或信息不全影响抢修工作的工单应及时反馈地市、县公司配网抢修指挥班组，地市、县公司配网抢修指挥班组在工单到达后3分钟内，将工单回退至派发单位并详细注明退单原因。

（2）抢修人员在处理客户故障报修业务时，应及时联系客户，并做好现场与客户的沟通解释工作。

（3）抢修人员到达故障现场时限应符合：城区范围一般为45分钟，农村地区一般为90分钟，特殊边远地区一般为120分钟。抢修到达现场后恢复供电平均时限应符合：城区范围一般为3小时，农村地区一般为4小时。具备远程终端或手持终端的单位，抢修人员到达故障现场后5分钟内，运用智能化手段自动上传到达现场时间，抢修完毕后5分钟内上传故障恢复时间，并点选回单，由配网抢修指挥班组30分钟内完成审核提交；不具备远程终端或手持终端的单位，抢修人员到达故障现场后5分钟内向本单位配网抢修指挥班组反馈，暂由配网抢修指挥班组在5分钟内，将到达现场时间录入系统，抢修完毕后 5 分钟内抢修人员向本单位配网抢修指挥班组反馈结果，暂由配网抢修指挥班组在 30 分钟内完成全点选回单。国网客服中心应在接到回复工单后 24 小时内回访客户。

（4）充电设施故障抢修人员到达故障现场时限应符合：紧急故障抢修人员到达故障现场时间城区一般为 45 分钟，高速公路及远郊一般为 90 分钟，特殊偏远地区一般为 2 小时，故障处理时间一般为 90 分钟；一般故障抢修人员到达故障现场时间城区一般为 90 分钟，高速公路及远郊一般为 2 小时，特殊偏远地区一般为 4 小时，故障处理时间一般为 180 分钟。抢修人员到达故障现场后 5 分钟内运用智能化手段将到达现场时间录入系统，抢修完毕后 5 分钟内上传故障恢复时间，抢修人员向本单位反馈结果并 30 分钟内完成填单、回单工作。国网客服中心应在接到回复工单后 24 小时内回访客户。

（5）抢修人员应按照故障分级，优先处理紧急故障，如实向上级部门汇报抢修进展情况，直至故障处理完毕。预计当日不能修复完毕的紧急故障，应及时向本单位配网抢修指挥班组报告；属于充电设施故障的，应及时办理停运手续并在现场张贴故障告示。

（6）抢修人员在到达故障现场确认故障点后 20 分钟内，向本单位配网抢修指挥班组报告预计修复送电时间，并实时更新，抢修时间超过 4 小时的，每 2 小时向本单位配网抢修指挥班组报告故障处理进展情况；其余的短时故障抢修，抢修人员汇报预计恢复时间。影响客户用电的故障未修复（除客户产权外）不得回单。

（7）低压单相计量装置类故障（窃电、违约用电等除外），由抢修人员先行换表复电，营销人员事后进行计量加封及电费追补等后续工作。

（8）35kV 及以上电压等级故障，按照职责分工转相关单位处理，故障修复后，由本单位配网抢修指挥班组完成工单回复工作。

（9）现场故障抢修工作处理完毕后还需开展后续工作的应正常回单，并及时联系有关部门开展后续处理工作。

（10）对无须到达现场抢修的非故障停电，应及时移交给相关部门处理，并由责任部门在 45 分钟内与客户联系，做好客户沟通解释工作；对于不需要到达现场即可解决的问题，与客户沟通好后回复工单。

（11）抢修人员到达现场后，发现由于电力运行事故导致客户家用电器损坏的，抢修人员应做好相关证据的收集及存档工作，并及时转相关部门处理。

（五）工单回复（回访）

（1）国网客服中心负责故障报修的回访工作，原则上派发工单应实现百分百回复（回访），如实记录客户意见和满意度评价，除客户明确提出不需回访的，应在接到工单回复结果后，24小时内完成（回复）回访工作。

（2）回访时，遇客户表述情况与工单反馈结果不符，且抢修处理部门未提供有力证据、实际未恢复送电、工单填写不规范等情况时，应将工单回退，回退时应注明退单原因。

（3）由于客户原因导致回访不成功的，国网客服中心回访工作应满足：不少于3次回访，每次回访时间间隔不小于2小时。3次回访失败应写明原因，并办结工单。

（4）原则上每日12：00-14：00及21：00-次日8：00期间不得开展客户回复（回访），客服专员在回访客户前应熟悉工单的回复内容及附件，将核心业务内容回访客户，不得通过阅读基层单位工单"回复内容"的方式回访客户。

（5）如客户确认知晓故障点为其内部资产或第三方资产的，回访满意度默认为不评价。

（6）回单中标记【无理诉求客户】及客户主叫号码为网络虚拟号的工单，仅开展一次短信回访。

（六）工单合并

（1）故障报修工单流转的各个环节均可以进行工单合并，合并后形成主、副工单。

（2）同一故障点引起的客户报修可以进行工单合并。在进行合并操作时，要经过核实、查证，不得随意合并工单。对不同语种工单不得进行合并操作。

（3）合并后的故障报修工单处理完毕后，主、副工单均须回访。

（七）工单归档

国网客服中心应在回访结束后24小时内完成归档工作。

（八）工单回退

（1）符合以下条件的，工单接收单位应将工单回退至派发单位，重新派发：

1）供电单位、供电区域、充电设施产权单位或抢修职责范围派发错误；

2）通过知识库可以确定工单类别，但工单类别选择错误；

3）因工单内容派发区域、业务类型、客户联系方式等信息错误、缺失或无客户有效信息，导致接单部门无法根据工单内容进行处理；

4）对系统中已标识欠费停电、违约停电、窃电停电或已发布计划停电、临时停电等信息，但客服专员未经核实即派发的。

（2）故障停送电信息发布 10 分钟内派发的工单，可进行工单合并，但不可回退至工单派发单位。

（3）故障报修业务退单应详细注明退单原因，包括正确工单分类、知识库中参照内容、需要补充填写的内容、停电信息编号（生产类停送电信息必填），以便接单部门及时更正。

（九）工单催办

（1）国网客服中心受理客户催办诉求后应关联被催办工单，10 分钟内派发工单，催办工单流程与被催办工单一致。

（2）客户催办时，国网客服中心做好解释工作，争取客户理解，催办工单派发时间间隔应在 5 分钟及以上，对于存在舆情风险的，需按照客户诉求派发催办工单。

（3）客户再次来电要求补充相关资料等信息的，须将补充内容详细记录并生成催办工单派发。

六、故障抢修工作的总体要求

（1）现场抢修服务行为应符合《国家电网公司供电服务规范》要求，抢修指挥、抢修技术标准、安全规范、物资管理等应按照国网设备管理部、国调中心等相关专业管理部门颁布的标准执行。

（2）故障抢修人员到达现场后应尽快查找故障点和停电原因，消除事故根源，缩小故障停电范围，减少故障损失，防止事故扩大。

（3）因地震、洪灾、台风等不可抗力造成的电力设施故障，按照公司应急预案执行。

第六节　95598停送电信息报送规范

一、95598停送电信息定义

95598停送电信息（简称"停送电信息"）是指因各类原因致使客户正常用电中断，需及时向国网客服中心报送的信息。停送电信息主要分为生产类停送电信息和营销类停送电信息。生产类停送电信息包括：计划停电、临时停电、故障停电、超电网供电能力停电、其他停电等；营销类停送电信息包括：违约停电、窃电停电、欠费停电、有序用电（需求侧响应）、表箱（计）作业停电等。

二、生产类停送电信息报送管理

（1）报送内容主要包括：供电单位、停电类型、停电区域、停电范围、停送电信息状态、停电计划时间、停电原因、现场送电类型、停送电变更时间、现场送电时间、发布渠道、高危及重要用户、客户清单、设备清单等信息。

（2）报送时限：

1）计划停送电信息应提前7天向国网客服中心报送。

2）临时停送电信息应提前24小时向国网客服中心报送。

3）故障停送电信息：配电自动化系统覆盖的设备跳闸停电后，应在15分钟内向国网客服中心报送。配电自动化系统未覆盖的设备跳闸停电后，应在抢修人员到达现场确认故障点后，15分钟内向国网客服中心报送。

4）超电网供电能力停电信息原则上应提前报送停电范围及停送电时间等信息，无法预判的停电拉路应在执行后15分钟内报送停电范围及停送电时间。

5）其他停送电信息应及时向国网客服中心报送。

6）停送电信息内容发生变化后10分钟内应向国网客服中心报送相关信息，并简述原因；若延迟送电，应至少提前30分钟向国网客服中心报送延迟送电原因及变更后的预计送电时间。

7）送电后应在10分钟内向国网客服中心报送现场送电时间。

三、营销类停送电信息报送管理

（1）欠费停复电、窃电、违约用电等需采取停电措施的，地市、县公司营销部门应及时在营销业务应用系统（SG186）内维护停电标志。

（2）省公司按照省级政府电力运行主管部门的指令启动有序用电（需求侧响应）方案，提前1天向有关用户发送有序用电（需求侧响应）指令。同时，以省公司为单位将有序用电（需求侧响应）执行计划（包括执行的时间、地区、调控负荷等）报送国网客服中心。有序用电（需求侧响应）类停送电信息应包含客户名称、客户编号、用电地址、供电电源、计划错避峰时段、错避峰负荷等信息。

（3）表箱（计）作业停电，地市、县公司营销部门应提前24小时报送停送电信息，报送内容应包含停电区域、停电范围、停电计划时间、停电原因、现场停送电时间、设备清单、客户清单等信息。

第七节 供电服务投诉业务处理规范

一、投诉定义

供电服务投诉是指公司经营区域内（含控股、代管营业区）的电力客户，在供电服务、营业业务、停送电、供电质量、电网建设等方面，对由于供电企业责任导致其权益受损表达不满，在法定诉讼时效期限内，要求维护其权益而提出的诉求业务（简称"客户投诉"）。

二、投诉分类

客户投诉包括服务投诉、营业投诉、停送电投诉、供电质量投诉、电网建设投诉五类。

（1）服务投诉指供电企业员工（不含抢修、施工人员）在工作场所或工作过程中服务行为不规范引发的客户投诉，主要包括服务态度、服务规范等方面。

（2）营业投诉指供电企业在处理具体营业业务过程中存在工作超时限、疏忽、差错等引发的客户投诉，主要包括业扩报装、用电变更、抄表催费、电费电价、电能计量、业务收费等方面。

（3）停送电投诉指供电企业在停送电管理、现场抢修服务等过程中发生服务差错引发的客户投诉，主要包括停送电信息公告、停电问题、抢修服务等方面。

（4）供电质量投诉指供电企业向客户输送的电能长期存在频繁停电、电压偏差、电压不平衡、电压波动或闪变等供电质量问题，影响客户正常生产生活秩序引发的客户投诉，主要包括电压质量、供电可靠性等方面。

（5）电网建设投诉指供电企业在电网建设（含施工行为）过程中存在农网改造违规收费、电力施工不规范等问题引发的客户投诉，主要包括供电设施、电力施工人员服务行为等方面。

三、投诉受理

（1）国网客服中心受理客户投诉时，应初步了解客户投诉的原因，安抚客户，做好解释工作，详细记录客户所属区域、姓名、联系电话、投诉内容、客户编号（"e充电"账号、充电卡号等）、是否要求回复（回访）等信息（流程见附图1-1、附图1-2）。

（2）国网客服中心应在客户挂断电话后20分钟内完成工单填写、审核、派单；省（市）公司接到12398等外部渠道转办的客户诉求，国网客服中心接到公司巡视办转办的投诉诉求及营销服务舆情后20分钟内完成工单录入。

（3）被省营销服务中心、国网电动汽车公司退回的工单，首次退单由国网客服中心在60分钟内复核，第二次退单在30分钟内复核。每日21：00至次日8：00期间可不开展退单分理工作。国网客服中心对不符合退单标准的，应详细填写退单原因并将工单回退；对符合退单标准的，应详细填写修改原因并将工单改类或修改投诉业务子类重新派发。

（4）客户通过其他方式进行投诉的，国网客服中心应及时派发工单，相关要求参照95598客户投诉受理要求执行。

（5）投诉受理判定标准。

1）客户在人工服务通话（会话）中明确表达不满，严重影响客户体验，且诉求符合投诉判定要点的，派发投诉工单。

2）触碰供电服务"十项承诺"、员工服务"十个不准"等红线问题，派发投诉工单。涉及接受客户吃请和收受客户礼品、礼金、有价证券等客户诉求派发行风问题线索移交工单。

3）符合以下条件的不派发投诉工单，派发相应业务工单。

①符合《国家电网有限公司95598特殊客户管理规范》规定范围内的客户诉求。

②符合《国家电网有限公司95598重要服务事项报备管理规范》规定范围及应用要求的客户诉求。

③超过《中华人民共和国民法典》民事权利诉求时效期限的客户诉求。

④客户匿名、保密投诉。

⑤主动表明自己为政府规定的拆迁户的客户诉求。

⑥别人代办的办电业务，或道听途说场景，本人未亲身经历部分环节的客户诉求。

⑦经95598业务支持系统识别为网络虚拟电话号码的客户诉求。

⑧新接收（签订移交协议之日起2年内且未完成改造）的代管县、"三供一业"、转供电、地方电力、小水电、集团供电等供电营业区域内的客户，反映的抄表催费、电能计量、停送电、供电质量和电网建设类客户诉求。

4）通过95598业务支持系统判别为同一停电事件导致的频繁停电，在已派发投诉工单的前提下，后续24小时内同一诉求按同一10kV线路降级派发意见（建议）工单；同一台区客户反映电压质量长时间异常的投诉，在已派发投诉工单的前提下，后续60个工作日内同一诉求按台区降级派发意见（建议）工单。

（6）客户撤销投诉。客户来电要求撤销投诉，国网客服中心如实记录，按咨询办结并与前期投诉工单关联，前期投诉工单不得办结。

四、接单分理

（1）各省营销服务中心、国网电动汽车公司接收客户投诉工单后，应对工单进行研判，完成转派或退单。首次接单分理应在60分钟内完成，二次接单分理及最终接单分理应在30分钟内完成。

（2）地市、县公司接收客户投诉工单后，应在2个小时内完成转派或退单，如可直接处理，按照业务处理时限要求回复工单。地市公司、国网电动汽车公司业务处理部门退单后，只可修改业务子类，不能修改业务类型或办结。

（3）符合以下条件的，工单接收单位应将工单回退至派发单位，重新派发或向客户解释说明，办结工单：

1）非本单位供电区域内的；

2）客户信息有误或核心内容缺失，接单部门无法处理的；

3）业务类型或投诉子类错误的；

4）同一客户的同一诉求在业务办理时限内，再次派发投诉的。

五、投诉处理

（1）地市、县公司从国网客服中心受理客户投诉（客户挂断电话）后24小时内联系客户，4个工作日内调查、处理，答复客户，并反馈国网客服中心。如遇特殊情况，按上级部门要求的时限处理。

（2）工单反馈内容应真实、准确、全面，符合法律法规、行业规范、规章制度等相关要求。

（3）地市、县公司在投诉调查结束后，对属实投诉应进行责任标记，对不属实投诉发起申诉。

（4）受理、处理环节分别按客户描述及调查情况，进行责任标记，分为个人责任和单位责任。

1）个人责任是指因供电公司工作人员责任导致的客户投诉，单位责任是指因供电公司电网投入不足、信息系统问题等导致的客户投诉。

2）国网客服中心根据客户描述在工单派发时进行责任标记，地市、县公司根据调查情况在工单处理环节进行责任标记，投诉责任以处理环节标记结果为准。

3）基层单位对判定为单位责任的投诉不得考核个人。

六、回单审核

（1）国网客服中心、省营销服务中心，国网电动汽车公司，地市、县公司应根据对回单质量进行审核，对回单内容不符合要求的，应注明原因后将工单回退至投诉处理部门再次处理。工单回复内容存在以下问题，应将工单回退：

1）未对客户投诉问题进行答复或答复不全面的；

2）未提供投诉处理依据的；

3）违背公司相关规定或表述不清、逻辑混乱的；

4）其他经审核应回退的。

（2）针对频繁停电、电压质量长时间异常问题已列入本单位年度改造项目的，应在回单中明确项目名称、整改开始和结束时间、涉及范围等，原则上整改时间不超过60个工作日，在同一客户反映同一问题后不派发投诉工单。

七、工单回复（回访）

（1）国网客服中心应在回单后1个工作日内完成回复（回访），如实记录客户意见和满意度评价，客户明确提出不需回复（回访）及外部渠道转办诉求中无联系方式的工单，不进行回复（回访）。

（2）回复（回访）时存在以下问题，应将工单回退：

1）工单填写存在不规范；

2）回复结果未对客户诉求逐一答复；

3）回复结果违反有关政策法规；

4）客户表述内容与投诉处理部门回复内容不一致，且未提供支撑说明；

5）投诉处理部门对95598客户投诉属实性认定错误或强迫客户撤诉。

八、工单催办

（1）国网客服中心受理客户催办诉求后，10分钟内派发催办工单。省营销服务中心、国网电动汽车公司在接到工单后工作时间10分钟内派单至业务处理部门，业务处理部门须及时处理并办结。客户再次来电要求补充相关资料的，需详细记录并派发催办。

（2）客户催办时提出新的诉求，派发相应业务类型工单。

（3）同一事件催办次数原则上不超过2次，若客户表示强烈不满，诉求有升级隐患等特殊情况的，可派发催办工单，规避服务风险，避免引发舆情事件。

九、证据管理

（1）投诉证据包括书面证据、媒体公告、短信等，原则上每件投诉的证据材料合计存储容量不超过10M。

（2）投诉相关证据材料应形成电子文档，作为投诉工单附件上传系统，视频材料根据基层单位处理需要进行上传。

（3）各单位做好投诉证据归档保存，保存年限为3年，超过保存年限的投诉证据按照保密材料销毁要求执行。

第四章

营业厅服务（行为）规范

第一节　通用服务规范

一、基本道德和技能规范

（1）严格遵守国家法律、法规，诚实守信、恪守承诺。爱岗敬业，乐于奉献，廉洁自律，秉公办事。

（2）真心实意为客户着想，尽量满足客户的合理要求。对客户的咨询、投诉等不推诿，不拒绝，不搪塞，及时、耐心、准确地给予解答。

（3）遵守国家的保密原则，尊重客户的保密要求，不对外泄露客户的保密资料。

（4）工作期间精神饱满，注意力集中。使用规范化文明用语，提倡使用普通话。

（5）熟知本岗位的业务知识和相关技能，岗位操作规范、熟练，具有合格的专业技术水平。

二、诚信服务规范

（1）公布服务承诺、服务项目、服务范围、服务程序、收费标准和收费依据，接受社会与客户的监督。

（2）从方便客户出发，合理设置供电服务营业网点或满足基本业务需要的代办点，并保证服务质量。

（3）根据国家有关法律法规，本着平等、自愿、诚实信用的原则，以合同形式明确供电企业与客户双方的权利和义务，明确产权责任分界点，维护双方的合法权益。

（4）严格执行国家规定的电费电价政策及业务收费标准。严禁利用各种方式和手段变相扩大收费范围或提高收费标准。

（5）经常开展安全用电宣传。

三、行为举止规范

（1）行为举止应做到自然、文雅、端庄、大方。站立时，抬头、挺胸、收腹，双手下垂置于身体两侧或双手交叠自然下垂，双脚并拢，脚跟相靠，脚尖微开，不得双手抱胸、叉腰。坐下时，上身自然挺直，两肩平衡放松，后背与椅背保持一定间隙，不用手托腮或趴在工作台上，不抖动腿和跷二郎腿。走路时，步幅适当，节奏适宜，不奔跑追逐，不边走边大声谈笑喧哗。尽量避免在客户面前打哈欠、打喷嚏，难以控制时，应侧面回避，并向对方致歉。

（2）为客户提供服务时，应礼貌、谦和、热情。接待客户时，应面带微笑，目光专注，做到来有迎声、去有送声。与客户会话时，应亲切、诚恳，有问必答。工作发生差错时，应及时更正并向客户道歉。

（3）当客户的要求与政策、法律、法规及本企业制度相悖时，应向客户耐心解释，争取客户理解，做到有理有节。遇有客户提出不合理要求时，应向客户委婉说明。不得与客户发生争吵。

（4）为行动不便的客户提供服务时，应主动给予特别照顾和帮助。对听力不好的客户，应适当提高语音，放慢语速。

（5）与客户交接钱物时，应唱收唱付，轻拿轻放，不抛不丢。

四、仪容仪表规范

（1）供电服务人员上岗必须统一着装，并佩戴工号牌。

（2）保持仪容仪表美观大方，不得浓妆艳抹，不得敞怀、将长裤卷起，不得戴墨镜。

五、供电服务"十个不准"与"十项承诺"

1.国家电网有限公司员工服务"十个不准"

（1）不准违规停电、无故拖延检修抢修和延迟送电。

（2）不准违反政府部门批准的收费项目和标准向客户收费。

（3）不准无故拒绝或拖延客户用电申请、增加办理条件和环节。

（4）不准为客户工程指定设计、施工、供货单位。

（5）不准擅自变更客户用电信息、对外泄露客户个人信息及商业秘密。

（6）不准漠视客户合理用电诉求、推诿搪塞怠慢客户。

（7）不准阻塞客户投诉举报渠道。

（8）不准营业窗口擅自离岗或做与工作无关的事。

（9）不准接受客户吃请和收受客户礼品、礼金、有价证券等。

（10）不准利用岗位与工作便利侵害客户利益、为个人及亲友谋取不正当利益。

2.国家电网有限公司供电服务"十项承诺"

（1）电力供应安全可靠。 城市电网平均供电可靠率达到99.9%，居民客户端平均电压合格率达到98.5%；农村电网平均供电可靠率达到99.8%，居民客户端平均电压合格率达到97.5%；特殊边远地区电网平均供电可靠率和居民客户端平均电压合格率符合国家有关监管要求。

（2）停电限电及时告知。 供电设施计划检修停电，提前7日通知用户或进行公告。临时检修停电，提前24小时通知重要用户。故障停电，及时发布信息。当电力供应不足，不能保证连续供电时，严格按照政府批准的有序用电方案实施错避峰、停限电。

（3）快速抢修及时复电。 提供24小时电力故障报修服务，供电抢修人员到达现场的平均时间一般为：城区范围45分钟，农村地区90分钟，特殊边远地区2小时。到达现场后恢复供电平均时间一般为：城区范围3小时，农村地区4小时。

（4）价费政策公开透明。 严格执行价格主管部门制定的电价和收费政策，及时在供电营业场所、"网上国网"App（微信公众号）、"95598"网站等渠道公开电价、收费标准和服务程序。

（5）渠道服务丰富便捷。 通过供电营业场所、"95598"电话（网站）、"网上国网"App（微信公众号）等渠道，提供咨询、办电、交费、报修、节能、电动汽车、新能源并网等服务，实现线上一网通办、线下一站式服务。

（6）获得电力快捷高效。 低压非居民客户，以及高压单电源客户、高压双电源客户的业扩报装供电企业各环节合计办理时间分别不超过6个、22个、3个工作日。居民客户全过程办电时间不超过5个工作日。

（7）**电表异常快速响应**。受理客户计费电能表校验申请后，5个工作日内出具检测结果。客户提出电表数据异常后，5个工作日内核实并答复。

（8）**电费服务温馨便利**。通过短信、线上渠道信息推送等方式，告知客户电费发生及余额变化情况，提醒客户及时交费；通过邮箱订阅、线上渠道下载等方式，为客户提供电子发票、电子账单，推进客户电费交纳"一次都不跑"。

（9）**服务投诉快速处理**。"95598"电话（网站）、"网上国网"App（微信公众号）等渠道受理客户投诉后，24小时内联系客户，5个工作日内答复处理意见。

（10）**保底服务尽职履责**。公开公平地向售电主体及其用户提供报装、计量、抄表、结算、维修等各类供电服务，并按约定履行保底供应商义务。

第二节　营业场所服务规范

一、服务功能

按照《国家电网有限公司供电服务标准》（Q/GDW 10403—2021）规定，供电营业厅是供电企业为客户办理用电业务需要而设置的固定或流动的服务场所，其服务功能和设置标准如下。

1.服务功能

供电营业厅的服务功能包括：①业务办理；②交费；③告示；④引导；⑤洽谈；⑥互动体验及展示。

（1）业务办理指受理各类用电业务，包括客户新装、增容、变更用电及校表申请，故障报修，电动汽车充电账户服务，信息订阅，信息查询，咨询、投诉、举报、意见、建议，客户信息更新等；

（2）交费指提供电费及各类营业费用的收取和账单服务，充值卡销售、表卡售换等；

（3）告示指提供服务承诺、服务项目、业务办理流程、服务监督电话、电价、收费项目及标准等各种服务信息公示，计划停电信息及重大服务事项公告，功能展示等；

（4）引导指根据客户的用电业务需要，将其引导至营业厅内相应的功能区；

（5）洽谈指根据客户的用电（用能）需求，提供专业接洽服务；

（6）互动体验及展示指提供推广服务项目的宣传展示和互动体验。

2.服务功能的设置标准

各级供电营业厅应设置的服务功能如下：

A级营业厅：第（1）~（6）项服务功能；

B级营业厅：第（1）~（5）项服务功能；

C级营业厅：第（1）~（3）项服务功能；

C级自助营业厅提供第（1）、（2）项服务功能。

二、服务规范

按照《国家电网有限公司供电服务标准》（Q/GDW 10403—2021）规定：

（1）供电营业厅应对外公告营业时间。供电营业厅撤并、迁址、暂停营业应至少提前30天对外公告。供电营业厅名称、服务项目、营业时间变动的应提前7天公告。

（2）供电营业厅应准确公示服务承诺、服务项目、业务办理流程、95598供电服务热线、"网上国网"App、95598智能互动网站、服务监督电话、电价、收费项目及标准。

（3）营业人员必须提前做好各项营业准备工作，准点上岗，按照公告时间准时营业。因故必须暂时停办业务时，应列示"暂停服务"标志。临下班时，对于正在处理中的业务应照常办理完毕后方可下班。下班时如厅内仍有等候办理业务的客户，应继续办理。

（4）实行首问负责制、一次性告知和限时办结制。居民客户收费办理时间一般每件不超过5分钟，用电业务办理时间一般每件不超过20分钟。

（5）客户填写业务登记表时，营业人员应给予热情的指导和帮助，并认真审核；具备条件的地区应提供免填单服务。

（6）客户来办理业务时，应主动接待，并适当进行电子渠道的推广，不得怠慢客户。如前一位客户业务办理时间过长，应礼貌地向下一位客户致歉。

（7）开展营业厅服务设施巡检，如发生故障不能使用，应当天报修处理，摆设"暂停使用"标志牌，并在10天内修复。

（8）因业务系统、服务设施出现故障等突发情况影响业务办理时，若短时间内可以恢复，应请客户稍候并致歉；若需较长时间才能恢复，除向客户说明情况并致歉外，应请客户留下联系电话，以便另约服务时间。

三、服务环境

按照《国网安徽省电力有限公司市场营销部关于修订供电营业厅运营管理规范的通知》（营销工作〔2023〕93号）规定，营业厅功能分区包括：①咨询引导区；②综合业务办理区；③客户休息区；④宣传区；⑤便民服务区；⑥更衣室；⑦设备间；⑧厅内自助服务区；⑨展示体验区；⑩会议室；⑪办公室；⑫24小时自助服务区。

服务环境要求如下：

（1）各级供电营业厅应具备的功能分区如下：

1）A级营业厅：第①～⑪类，可选⑫类。

2）B级营业厅：第①～⑧类，可选⑩～⑫类。

3）C级自助营业厅：第②～⑦类，可选⑩、⑪类。

4）C级自助营业厅：第③、④、⑧类，可选⑫类。

（2）供电营业厅应整洁明亮、布局合理、舒适安全，做到"四净四无"，即"地面净、桌面净、墙面净、门面净；无灰尘、无纸屑、无杂物、无异味"。营业厅门前无垃圾、杂物，不随意张贴印刷品。

四、环境要求

（1）供电营业厅应整洁明亮、布局合理、舒适安全，做到"四净四无"，即"地面净、桌面净、墙面净、门面净；无灰尘、无纸屑、无杂物、无异味"。营业厅门前无垃圾、杂物，不随意张贴印刷品。

（2）营业场所外设置规范的供电企业标志和营业时间牌；有条件的地方，可设置无障碍通道。

（3）营业场所内应公布供电服务项目、业务办理程序、电价表、收费项目及收费标准。公布岗位纪律、服务承诺、服务及投诉电话；设置意见箱或意见簿。

（4）营业场所内应布局合理、舒适安全。设有客户等候休息处，备有饮用水；配置客户书写台、书写工具、老花眼镜、登记表书写示范样本等；放置免费赠送的宣传资料；墙面应挂有时钟、日历牌；有明显的禁烟标志。有条件的营业场所，应设置业务洽谈区域和电能利用展示区。

（5）营业窗口应设置醒目的业务受理标识。标识一般由窗口编号或名称、经办业务种类等组成。必要时，应设有中英文对照标识，少数民族地区应设有汉文和民族文字对应标识。

（6）营业场所应设置客户自助查询的计算机终端；有条件的营业厅应配备外网电脑，提供给用户使用。可通过供电营业场所、"95598"电话（网站）、"网上国网"App、微信公众号、政务网、"皖事通"App等渠道，提供咨询、办电、交费、报修、节能、电动汽车、新能源并网等服务，实现线上一网通办、线下一站式服务。

第三节　营业厅日常工作规范

一、班前准备

（1）工作人员至少提前15分钟上岗，做好上岗前各项准备工作。

（2）启用有关服务设施，检查计算机、打印机等办公设备，及自动排队机等服务设施运行情况。

（3）备齐营业物品和空白单据，备齐宣传用品、便民用品等服务设施。

（4）检查、确保系统网络畅通。

（5）清理检查内外部环境，做到营业环境整洁有序。

（6）统一着装，佩戴统一工号牌。

二、晨会

（1）营业前10分钟召集晨会。晨会由当班负责人主持，全体当班上岗人员参加。应进行整队点名，检查仪表仪容是否符合规定，是否佩戴统一工号牌。点评前一天工作质量和规范服务情况，指出存在问题并提出改进要求，交待当班的重点注意事项。晨会须在视频监控下召开。

（2）参会人员应对晨会的重点内容做好记录。晨会结束后，迅速调整好状态，投入岗位服务工作中。

三、营业中

《国网安徽省电力有限公司市场营销部关于修订供电营业厅运营管理规范的通知》（营销工作〔2023〕93号）对营业中岗位及人员设置有如下规定。

1.营业厅服务人员

营业厅服务人员包括：①营业厅班长；②值班经理；③综合业务员；④引导员；⑤保安员；⑥保洁员；⑦兼职讲解员。

（1）各级营业厅须配备服务人员如下：

1）A、B级厅：第①～⑦类人员。

2）C级厅：第①、②、③类人员。

3）C级自助厅（有引导员式）：第④类人员。

（2）服务人员应具备的基本条件包括：①大专及以上学历；②熟悉营业厅礼仪规范；③熟练掌握计算机操作；④会讲普通话；⑤两年以上本级或以上营业厅工作经验；⑥男性55周岁及以下，女性50周岁及以下。

1）营业厅班长、值班经理：第①～⑥类。

2）综合业务员、引导员：A、B级厅：第①、②、③、④、⑥类；C级厅：第①、②、③、⑥类。

3）兼职讲解员：第①～④类。

（3）服务人员应具备的专业条件包括：①熟悉公司业扩报装、电费电价、计量等营销相关政策；②熟练运用营销相关系统及服务终端；③会受理、办理用电业务；④掌握与客户沟通技巧；⑤熟练使用公司各种线上渠道。

1）营业厅班长、值班经理：第①～⑤类。

2）综合业务员、引导员、兼职讲解员：第①～⑤类。

2.各岗位人员工作内容

（1）班长主要工作内容：

1）负责营业厅各项事务统筹管理、组织协调；

2）负责配合实施营业厅标准化、规范化建设工作；

3）负责营业厅各类评先评优、建设创建工作；

4）负责营业厅值班经理、综合业务员、引导员岗位培训、排班、绩效评价和考核工作；

5）负责营业厅安全和应急管理，及时协调处理各类突发事件，上报重大、重要问题；

6）负责上级交办的其他工作。

（2）值班经理主要工作内容：

1）负责营业厅日常运营管控，协助营业厅班长做好营业厅人员、设备、服务的日常管理，对发现的问题及时进行指导、纠正、处理和反馈。为大客户提供VIP服务；

2）负责召开或组织召开营业厅晨会；

3）负责线上服务渠道推广、指导客户线上办电和交费；

4）负责营业厅各类工单的处理督办、回单审核和工单分析统计工作；

5）负责协助营业厅班长处理突发事件，上报重大、重要事件，做好服务风险预控工作；

6）完成上级交办的其他工作。

（3）综合业务员主要工作内容：

1）负责客户用电业务咨（查）询、业扩报装、业务变更、投诉、举报、意见建议和故障报修等业务受理工作；

2）负责线上服务渠道推广，指导客户线上办电和交费；

3）负责票据的打印、领取、保管等工作；

4）负责编制电费及营业费的日结日清报表。

5）负责客户诉求的业务督办、跟踪、信息交互和闭环。

6）完成上级交办的其他工作。

（4）引导员主要工作内容：

1）负责客户迎送，了解客户需求，解答客户咨询，引导、分流客户至相应功能区域，维持营业厅秩序；

2）负责线上服务渠道推广，指导客户线上办电和交费；

3）负责引导、指导客户使用智能服务设备、取号机等；

4）负责检查营业厅内外环境和设施，及时反馈异常情况；

5）完成上级交办的其他工作。

（5）职讲解员主要工作内容：

1）负责日常参观、调研、接待的讲解工作；

2）负责讲解过程中人员的安全、秩序，以及营业厅内展示物品及设施的安全、监护工作；

3）负责参观、调研、接待的信息反馈；

4）完成上级交办的其他工作。

（6）保安员主要工作内容：

1）负责按规定时间开、闭营业厅门窗及电源；

2）负责协助做好突发事件应急处理，避免公司合法权益受到侵害；

3）负责维持营业厅内外秩序，确保安全通道及无障碍通道的畅通，车辆有序停放；

4）负责营业厅场所的安全保卫、防火防爆工作；

5）完成上级交办的其他工作。

（7）保洁员主要工作内容：

1）负责营业厅内外卫生清洁工作，保持营业厅环境整洁，做好卫生记录；

2）完成上级交办的其他工作。

四、交接班

（1）交班前5分钟，交班人员应清洁和检查台席环境卫生，并重点将需再次答复客户的工作确认清楚。

（2）接班人员应提前10分钟到岗，做好接班前准备工作。交接班时还有正在受理中客户业务，应待受理结束后进行交接班。交接前应放置"暂停服务"标志牌，严禁在服务客户过程中交接班；如遇临柜客户，应礼貌致歉请客户等待。

（3）应完整交接当日工作，特别是需限时答复客户的有关事宜，避免因为交接班使服务脱节和中断。

（4）交接班时应检查工作台上物品是否完整。交班人员离开时，应整理工作台、抽屉。

五、下班前

（1）临下班时，对正在处理中的业务应办理完后方可下班。下班时仍有等候办理业务的客户，应继续办理。

（2）检查各项工作完成情况，统计并记录未完成的工作。整理营业物品和单据。

（3）营业结束后，除24小时自助服务区外，所有营业厅均须门窗上锁，关闭各类设施设备的电源，仅保持紧急报警系统、音（视）频监控系统等安防设施电源通电。

（4）清理检查营业厅内、外部环境，做好防盗、防火检查。

第四节　营业厅典型情景行为规范

一、分流导办

分流导办典型情景行为规范与应答示范见表4-1。

表4-1 分流导办典型情景行为规范与应答示范

服务情景	服务行为规范	服务应答示范
（1）客户告知办理某项业务时	●营业厅配置排队机的，应主动引导客户取号，并指引客户到休息区等候； ●当客户咨询办理相关业务时，应主动引导到相应岗位柜台	请选择您要办理的业务，取号后请到休息区稍候，谢谢！
	●如果营业厅无排队叫号业务： ●应主动引导客户至相应柜台； ●办理业务客户较多时引导客户排队等候	您好，您要办理的××业务在××柜台办理。麻烦您到××柜台去办理。您这边请！
（2）客户查询可通过自助终端完成时	●主动引导客户至自助查询终端处查询，必要时给予查询服务指导	您好，您可以通过触摸屏幕来查看，有不明白的地方，我给您解释
（3）等候客户过多	●主动协助做好客户情绪安抚工作，维持营业秩序	对不起！今天办理业务的客户比较多，可能需要您多等一会儿，我们准备了报刊杂志，您可以边看边等，谢谢！
（4）客户不办理业务而停留过久	●主动上前询问提供帮助，并引导客户说明来意和需求	您好！请问我有什么能帮您的吗？
（5）客户使用方言，无法听清或难以听懂	●请求客户讲普通话； ●要求客户重复，并确认； ●请求能听懂客户语言的服务人员协助	您好，很抱歉，您说的我没能听清楚，能讲普通话吗？ 您好，很抱歉，说的我没能听清楚，能再重复一遍吗？ 您说的是……，对吗？
（6）客户听不懂普通话	●请求会相关语言（方言、英语等）服务人员协助	
（7）客户进错门	●应致歉并告知客户此业务不在供电服务范围内，指引客户到相关负责部门进行处理	您好，这里是供电营业厅，您的业务请到××咨询办理
（8）营业厅内有客户睡觉、聚集大声闲聊	●礼貌提醒，了解客户情况，关注客户是否有身体不适，主动提供帮助； ●当客户属于消磨时间型的，可耐心劝其离开	对不起，您这样睡觉会感冒的，请您坐起来或走动一下，好吗？
（9）客户在营业厅吸烟	●礼貌提醒营业厅是无烟办公区	您好！这里是无烟办公区，麻烦您把烟熄灭好吗？

二、柜台接待

柜台接待典型情景行为规范与应答示范见表4-2。

表4-2　　　　　　　　　柜台接待典型情景行为规范与应答示范

服务情景	服务行为规范	服务应答示范
（1）一位客户办理业务，无其他客户排队	客户走近柜台前2米范围内时，面迎客户，微笑示意； 客户走近1米范围时，应起身相迎，礼貌示坐，待客户落座后方可坐下； 使用礼貌用语问候客户	您好，请坐，请问您需要办理什么业务？
（2）客户排队办理业务	遵守"先接先办"原则，优先完成正在受理的客户业务办理； 运用"办一安二招呼三"方法，安抚排队客户	主动招呼下一位客户："您好，请您稍等，办理完这位客户业务后，我马上为您服务"
（3）当客户需要办理的业务不在本柜台	主动引导或指引客户至相关岗位； 指引客户到柜台后，将客户的相关资料做好交接或主动用手势引导客户	您要办理的××业务在××柜台办理，麻烦您到那边去办理。 "对不起，您所办理的这个业务可以到××号柜台，请您往这边走"
（4）客户来到柜台前，客户代表正在处理内部事务	遵守"先外后内"原则，当有客户来办理业务时，应当立即停办内部事务，马上接待客户	您好，请坐，请问您需要办理什么业务？
（5）高峰期客户等待较长时间	应礼貌地向客户致歉； 主动递上水杯，招呼客户	对不起，让您久等了！
（6）客户排队时，其他柜台没人或人较少时	主动提示排队客户分流到其他柜台办理业务	您好！请您在我这里办理。 大家好，×号窗口也可办理业务
（7）客户排队量激增，交费高峰时	营业厅值班管理人员及时维持秩序，提醒客户不要拥挤，按排队顺序办理业务； 可安排排队靠后的客户到休息区等待； 如有备用柜台，立即启用	对不起，请大家按顺序排队，谢谢合作！

续表

服务情景	服务行为规范	服务应答示范
（8）客户在重大节假日来营业厅办理业务	使用节日问候语	××节日快乐，请问有什么可以帮助您？
（9）接待老弱病残等特殊客户	主动提供需要的帮助； 业务结束后留下客户联系电话或地址，视情况请示领导是否提供上门服务； 对听力不好的客户，应适当提高音量，放慢语速； 针对聋哑人则使用手语，请求会手语服务人员协助，或者通过书面交流	您好，我来帮您办理，好吗？
（10）客户使用方言，无法听清或难以听懂	请求客户讲普通话； 要求客户重复，并确认； 请求能听懂客户语言的服务人员协助	您好，很抱歉，您说的我没能听清楚，能请您说普通话吗？ 您好，很抱歉，您说的我没能听清楚，能再重复一遍吗？ 您说的是……，对吗？
（11）客户听不懂普通话	请求会相关语言（方言、英语等）服务人员协助	

三、柜台受理

柜台受理典型情景行为规范与应答示范见表4-3。

表4-3　　　　　　　　柜台受理典型情景行为规范与应答示范

服务情景	服务行为规范	服务应答示范
（1）接到同一客户较多业务	主动帮助他们分出轻重缓急，合理安排办理顺序，缩短办事时间	
（2）须暂时离开柜台	礼貌致歉，征得客户同意再离开	对不起，我去……，请您稍等片刻，好吗？
（3）离开柜台返回	礼貌致歉	对不起，让您久等了！

续表

服务情景	服务行为规范	服务应答示范
（4）遇到特殊情况需暂时停止办理业务	若特殊情况空台时，应出示"暂停服务"，请客户到其他柜台办理，并致歉；列示"暂停服务"标牌	对不起，我们正在×××，请你稍等片刻，好吗？
（5）未能听懂客户意思	礼貌请客户重复，并确认；客户讲方言、英语等可礼貌请求客户讲普通话，如果客户不能讲普通话则请求其他会该语言的服务人员协助办理	您好，很抱歉，您说的我没能听清楚，能请您说普通话吗？您好，很抱歉，您说的我没能听清楚，能再重复一遍吗？您说的是……，对吗？
（6）客户久等时	表示歉意，并立即帮客户办理业务	对不起，让您久等了，请问您要办理什么业务？
（7）未轮到办理的客户着急办理，或抱怨太慢	表示歉意，请客户谅解，并礼貌提醒其耐心等候；告诉客户你会加快业务处理速度	对不起，让您久等了。抱歉，请您在一米线外稍等。您好，我会加快办理，请稍等
（8）所办理的业务一时难以答复客户	表示歉意，并礼貌告知立即协调办理；据情况请求客户留电话，并尽快回复	对不起，请您稍候，我马上……请您留下联系方式，我会尽快答复您。对不起！这个问题我暂时无法回答，这样好吗？我先把您的问题记录下来，然后向我们主管领导询问后，再打电话与您联系？
（9）客户批评时	属于我们的问题，应立即诚恳表示歉意，并马上纠正	对不起，这是我们工作的疏忽，请您谅解！
	如属客户的过错或误会，应在适当的时机作耐心解释，争取客户的理解	对不起，由于××原因出错了，我马上为您更正
	客户故意刁难，可请上级协助处理，或将客户带离柜台	您好，我让××帮您处理，这边请
（10）客户对供电服务提出建议与意见	首先感谢客户的关心与支持；耐心地听取，认真地记录，针对客户的疑问进行解释；最后对客户再次表示感谢	您提的意见我们一定慎重考虑，有利于改进我们工作的，我们一定虚心接受，欢迎您多提宝贵意见
（11）客户对服务满意表示感谢	礼貌应对	不客气，很高兴为您服务！谢谢您的夸奖！

续表

服务情景	服务行为规范	服务应答示范
（12）客户对客户代表的服务或解释有疑问	应向客户征询确认，争取客户能够理解	您好，请问我还有什么地方没说清楚吗？
（13）客户问题一时难以解决，可能影响其他客户办理业务	礼貌致歉，将客户带离柜台；请求值班管理人员或其他人协助处理	请您稍等，我们请××来接待您，尽量为您解决好吗？
（14）下班时仍有等候办理业务的客户	耐心为等候办理业务的客户办理完毕后再下班	您好，虽然我们现在已经下班了，但是我们一样会帮您办理此项业务，请您不用担心
（15）客户向客户代表咨询供电服务范围以外的业务	应致歉并告知客户此业务不在供电服务范围内，指引客户到相关负责部门进行处理	您好，这里是供电营业厅，您咨询的问题请到××咨询
（16）客户的要求与政策法规及本企业的制度相悖	客户固执己见无法接受解释时，可由专人接待并做好进一步解释工作	对不起，我们公司尚未开展此项服务，暂无法满足您的要求，请谅解
（17）客户之间发生矛盾	及时进行劝解；矛盾激烈及时通知保安上前劝解；劝说无效时应及时通知管理人员	

四、柜台送客

柜台送客典型情景行为规范与应答示范见表4-4。

表4-4　　　　　柜台送客典型情景行为规范与应答示范

服务情景	服务行为规范	服务应答示范
（1）客户业务办理完成前	请客户核实相关资料准确性，确认没有问题时，将证件和留给客户的资料双手递给客户，嘱咐客户收好	您好，这是您的资料，请您收好，谢谢！
	若客户业务还需进一步办理其他手续，应主动提醒客户下一个环节或提醒客户应做好哪些方面的准备	您好，您还需进一步办理××手续，请您准备好××，在××时间前往××办理（或等候我们通知办理）

续表

服务情景	服务行为规范	服务应答示范
（1）客户业务办理完成前	告知客户业务已办理完毕，主动询问客户是否还有其他需求	您的业务已经受理完毕，请问还有什么需要我帮助的吗？
	柜台设有服务评价器时，工作人员还应主动邀请客户对服务工作进行评价	您好！请对本次服务进行评价，谢谢！
（2）客户离开柜台前	无客户排队：应起身鞠躬，微笑与客户告别	谢谢您！请走好，再见！
	有客户排队：使用点头礼，微笑与客户致谢告别，并向下一位客户问好	谢谢您！您慢走！
（3）客户需直接办理下一环节业务，或者需办理其他业务时	主动引导客户办理	您好，您现在可到××柜台办理××

五、咨询协办

咨询协办典型情景行为规范与应答示范见表4-5。

表4-5　　　　　　　　　咨询协办典型情景行为规范与应答示范

服务情景	服务行为规范	服务应答示范
（1）客户直接咨询某项业务时	清楚准确回答客户咨询：准确、迅速地分析客户的需求；针对具体的业务办理流程和手续，对客户进行通俗易懂的讲解和说明	您咨询的问题是这样的……您需要携带……到营业厅办理相关业务
	无法清楚准确回答客户咨询：引导客户到相应柜台进行咨询。需要事后才能回复：做好记录，请客户留下联系电话，并在约定时间回复客户	您要咨询的××业务在××柜台受理，您这边请！对不起，您的问题我们需要和相关部门询问后才能答复，请您留下联系电话，我们稍后去电答复您

续表

服务情景	服务行为规范	服务应答示范
（2）客户不会使用相关设备时	客户代表应主动上前询问，并耐心细致讲解自助服务设施使用方法	您好！请问我有什么能帮您的吗？您好，需要我给您做个示范吗？
（3）回答完客户咨询时	向客户征询确认，确保客户能够理解	请问我的讲解您能理解吗？我的解释您满意吗？
（4）重要客户咨询业务	引领客户到VIP洽谈室或VIP柜台；为客户倒水，双手递送，快速衔接客户所需办理业务	您好，您要咨询的××业务在××柜台受理，您这边请！

六、咨询查询受理

咨询查询受理典型情景行为规范与应答示范见表4-6。

表4-6　　　　　　　　　咨询查询受理典型情景行为规范与应答示范

服务情景	服务行为规范	服务应答示范
（1）客户提出咨询查询需求	认真倾听、详细记录并确认客户的咨询查询内容。不随意打断客户讲话，不做其他无关的事情	倾听过程中以"是""嗯"等回应客户，以示专注
	当未能听明白客户需求时，应礼貌请求客户再重点谈谈其需求，并致谢	您好！对不起！请您将您的需求再重复说一遍，可以吗？
	对客户描述的内容，待客户说明完其需求后，应确认客户需求	您好！请问您的需求是……，对吗？
	正确理解客户咨询内容后，方可按相关规定提供答复，引导客户到相关服务柜台或者引导客户使用自助服务设施	
（2）客户咨询用电业务办理、供电法律法规	提供相关宣传单；提供相关办理注意事项和需要资料清单	您好！这是业务办理指南，您可以先看看，有不明白的地方，您可以咨询我们
	可引导客户使用自助查询终端	您好！您可以使用自助查询终端来了解××业务办理的手续，您这边请！

续表

服务情景	服务行为规范	服务应答示范
（2）客户咨询用电业务办理、供电法律法规	耐心、细致地答复，答复完毕，应主动检验客户的理解，直至客户满意。 主动询问客户是否还有其他需求	您好！您所咨询的问题是这样的……，您清楚了吗？ 您还需要了解其他业务吗？
（3）客户停电咨询	应首先向客户了解停电范围、停电时间及相关信息，在初步判断后进行查询，告知客户停电原因	您好，请您提供您的客户号或用电地址，我们将为您查询，请稍等
	因电网故障、计划检修引起的停电，客户询问时，座席员应告知停电原因，并主动致歉	很抱歉，因为线路检修，导致您那里停电了，预计将于×时送电！
	因突发性故障导致停电，应告知客户供电公司会尽快排除故障，尽早为客户送电。 应做好客户期望值管理，避免随意告诉客户送电时间	很抱歉，××地区发生突发性故障，导致您那里停电，给您带来不便了。目前抢修队伍正在现场抢修，我们会尽快排除故障，尽早为您送电！
	如因欠费停电，应告知客户复电手续	××客户，您因欠费而被停电，希望您能尽快地交清电费，我们将在您电费结清并办理相关手续后24小时内为您恢复供电
（4）客户提出查询电量电费	礼貌要求客户提供相关客户信息，户号或电费卡	请问您的客户号是多少？ 您带电费卡了吗？请出示您的电费卡好吗？
	如果客户忘记户号或者未带电费卡，则请客户出示身份证，并询问客户用电地址	请问您的用电地址是哪里？ 对不起，我们需要确认您的身份才能查询，请问您带身份证了吗？
	如果客户没有任何证件证明身份，需向客户说明无法查询的原因，并告知客户办理查询业务需要提供客户户号、电费卡或者身份证	对不起，如果您不能提供身份证，我们无法为您查询，请您下次携带客户号或电费卡或者身份证来查询，好吗？
	当查询条件满足时，根据客户提供信息，从营销系统中查出相应信息，并告知客户查询结果	您×月×日到×月×日之间的电量为××度，电费为××元

续表

服务情景	服务行为规范	服务应答示范
（4）客户提出查询电量电费	若发现客户查询时为欠费状态，应告知客户欠费情况并提醒客户尽快交费	您目前总共欠费××元，其中截至今日的违约金××元，请您尽快交清欠费，谢谢配合
	若发现交费记录中时常有滞纳金发生，应善意提醒客户	您每月的抄表日期是××日，为了避免滞纳金的产生，请您每月在××—××日期间缴纳电费
（5）客户提出查询电费存折余额	当客户要求查询电费存折余额时，应礼貌请客户向银行直接查询	非常抱歉，银行对您账户资金的使用情况是严格保密的，我们无法查到您银行账的余额信息，您可以直接向银行查询
（6）客户提出查询电费初始密码	当查询条件满足时，根据客户提供信息，从营销系统中查出相应信息，告知客户查询结果，并主动提示客户修改	您好，您电费查询初始密码为××××（根据各地情况），为保障您的用电信息安全，您现在需要更改吗？
（7）客户提出查询业务流程进度	如客户在线上办理的，引导客户通过线上渠道进行查询	您好，通过线上渠道进行查询
	询问客户号、核对客户姓名和业务类型	请问您的客户号是？请问您要查询的业务类型是××吗？
	当查询条件满足时，根据客户提供信息，从营销系统中查出相应信息，并告知客户，并确认客户理解	您好，您所办业务目前的进展情况是这样的……，您清楚了吗？
（8）客户等候查询结果	应主动致歉	对不起，让您久等了。感谢您的耐心等候
（9）客户表示对咨询查询结果不理解	应耐心细致地向客户说明	您好！您所咨询（查询）……，是这样的……，您是否清楚呢？
（10）无法立即答复客户咨询结果	向客户致歉；请客户留下联系方式，待请示后答复客户	对不起，您咨询的问题需要专家解答，我咨询专家后再给您回复，您看好吗？谢谢！

七、用电业务受理

用电业务受理典型情景行为规范与应答示范见表4-7。

表4-7 用电业务受理典型情景行为规范与应答示范

服务情景	服务行为规范	服务应答示范
（1）客户办理业务	应主动向客户一次性告知所需提供的相关资料、证件、办理的基本流程、相关的收费项目和标准，并提供业务咨询和投诉电话，实现一次办理就好； 礼貌将相关表格、资料提交给客户	您好！这里有业务办理须知，您可以参考一下，有不明白的地方，我再重点向您说明，好吗？
（2）需要相关资料和证件	根据客户申请用电类型，要求客户提供所办用电业务的登记表及相关资料、证件； 双手接过客户递交的资料； 仔细审查证件是否完整、有效	您好，您要申请××用电业务，对吗？根据规定，您需要填写×××登记表、并备齐×××……，营业厅也提供一证受理和刷脸办电业务，谢谢您的配合！
（3）客户要求提供用电业务受理服务，却不愿意按照相关规定提供必需的证件	提示客户公司的相关制度，同时告知客户可以一证受理，现场勘查时收集资料。主动提示客户可通过"国网安徽电力"微信公众号、"网上国网"App或"皖事通"App等线上渠道办理相关业务	为了我们更好地为您服务，请您提供××证件，避免他人冒用您的名义要求服务。 您也可以使用"国网安徽电力"微信公众号、"网上国网"App或"皖事通"App等线上渠道办理相关业务
（4）客户业务申请受理完成	告知已受理申请，并主动告知客户所办理业务的答复时间； 告知相关的收费项目和标准，并提供业务咨询和投诉电话号码； 把相关资料录入电脑； 主动告知下一步业务办理所需要的时间	您的业务我们已经受理了，我们的工作人员将在××个工作日内与您联系
（5）客户资料不合格	资料填写不正确： 主动提醒客户修改	您好！对不起，您填写的登记表与××资料不一致，请您核对一下再重新填写，好吗？
	资料不完整： 明确告知客户缺少的资料	对不起，您提供的资料不完整，按规定您还需提供……

续表

服务情景	服务行为规范	服务应答示范
（5）客户资料不合格	非有效证件或证件过期： 告知客户情况，指出需带有效证件办理	对不起，您提供的××证件无效（或过期），无法办理用电申请手续。按规定您必须提供有效的证件，才能办理用电申请手续
	非客户证件： 告知客户情况，指出须带本人证件办理	对不起，这是您本人的证件吗？按规定办理用电申请时必须提供电表户主本人证件才可以办理
（6）不符合办理业务条件	客户欠费： 确认客户是否存在欠费行为，如有则向其解释说明须结清欠费后才能受理其申请	您好！对不起，您还有××费用尚未结清，暂时无法办理，请您结清后再来办理，好吗？
	公司原因无法办理： 向客户致歉，解释无法办理原因，取得客户谅解，并留下客户电话以备下次通知办理	很抱歉，因为××暂时无法办理，请留下您的联系电话，我们将电话通知您前来办理
	其他原因无法办理： 仔细解释无法办理原因，并指导客户如何达到办理条件	对不起，您办理的××业务因……原因暂时无法办理，您可以……，然后再来办理
（7）客户地址暂不具备供电条件	回复客户，并耐心解释，取得客户谅解	您好，这里没有合适的电源点，如果一定要用电，投资成本较大，建议您做一个经济比较，慎重考虑一下
（8）客户因对所办业务产生疑问而询问	应先听客户讲完，并耐心细致地解释	对不起，我们这样做是按××规定办理的，请您放心
（9）受理业务需要客户支持配合	真诚恳请客户对我们进行配合，并表示感谢	麻烦您配合我们。 谢谢您的配合
（10）需客户签字确认	提醒客户仔细阅读相关文本请客户签字	您好，这是××（供电合同、收付电费协议等），请仔细核对后签字
（11）客户提出需要查看相关政策文件	立即找出相关文件并给客户解释	请您稍等。 很抱歉，让您久等了，这份是您所要查看的文件
（12）客户执意不同意交费时	向不同意交费的客户宣传有关政策，以取得客户理解	按照《××》第×条规定，您应该……

续表

服务情景	服务行为规范	服务应答示范
（13）客户询问所办理的业务进度和情况	审核客户资料，确认后进行查询和回答； 详细答复业务办理情况和进度	请您提供您的客户号或者是详细用电地址，这样我们可以帮您进行准确的查询。 您好! 请坐，您的图纸正在审核中，请您耐心等候，您的供电方案一旦审核完成，我们将会及时通知您
（14）须电话联系客户或回访	礼貌询问客户业务办理情况，和对服务反馈意见	请问您对××工作人员的服务满意吗? 请问您对我们的服务有什么宝贵建议?

八、投诉举报受理

投诉举报受理典型情景行为规范与应答示范见表4-8。

表4-8　　　　　　　　投诉举报受理典型情景行为规范与应答示范

服务情景	服务行为规范	服务应答示范
（1）客户来投诉	辨识客户情感，主动缓解客户情绪； 换地点：请客户到安静的地方坐，并提供茶水。 耐心倾听客户意见，并承诺一定帮客户处理	您好，您先请坐。 您先喝杯（口）水。您的心情我非常理解，遇到这种问题我也和您一样。 我的工号是××，我来为您解决这件事，好吗?
（2）客户投诉的过程中	表示歉意； 准确领会客户意思，把握问题关键，分析检验投诉问题，迅速判断问题性质和类别，认真完整记录投诉内容	非常感谢您给我们提意见。 不好意思，给您添麻烦了
（3）投诉受理结束	留下联系方式，承诺在时限内就相关问题反馈处理情况； 了解记录的投诉内容完整填入投诉处理工单并确认	您放心，我已记录下来，并尽快核实，我们会在十个工作日内给您答复，谢谢您的宝贵意见

续表

服务情景	服务行为规范	服务应答示范
（4）客户反映的问题无法在现场立即解决	客户代表应委婉解释； 告知接下来处理程序，并请留下联系电话，以便及时反馈处理情况	您好，因为……，我需要将您的问题反馈给××，并在××（时间）前将结果反馈给您，好吗？
（5）客户提出相关建议	准确领会客户意思，把握问题关键，认真完整记录投诉内容； 询问客户是否需要回复，留下联系方式，承诺在时限内就相关问题反馈处理情况； 对客户建议表示感谢	谢谢您的宝贵意见， 请问您需要我们回复吗？ 谢谢您的宝贵意见， 我们一定改正，谢谢您
（6）发现有客户要求填写意见簿	对客户表示感谢； 及时注意意见、建议内容，并在第一时间予以回复	您好！谢谢您的建议
（7）向客户通报结果回访客户	处理时限内，把处理结果通报给客户； 同时了解客户对处理结果的满意程度； 把回访内容详细记录填写	您好，对您反映的问题我们处理结果是…… 您好，请问您对我们的处理结果满意吗？
（8）客户对处理表示满意	对客户表示感谢	非常感谢您对我们服务的肯定

九、意见建议受理

意见建议受理典型情景行为规范与应答示范见表4-9。

表4-9　　　　意见建议受理典型情景行为规范与应答示范

服务情景	服务行为规范	服务应答示范
（1）客户提出建议	向客户致谢	非常感谢您的宝贵意见！
	认真倾听，记录重点，不打断客户讲话，在客户讲话过程中保持回应； 待客户反馈意见和建议完毕后，主动确认客户建议和意见	您好！感谢您的建议（意见)！您的意见重点是……，对吗？

续表

服务情景	服务行为规范	服务应答示范
（1）客户提出建议	表明供电公司对客户建议和意见的态度和重视	谢谢您！您提的意见我们一定慎重考虑，有利于改进工作的，我们一定虚心接受，请多提宝贵意见
	根据专业知识和相关规定、政策，对客户的建议进行分析判断并作出相应的答复； 根据情况判断是否需要提交相关部门处理； 询问是否需要回复，如需要则留下联系方式等信息回复	非常感谢您的宝贵意见，我们会及时反映到相关部门。 非常感谢您的宝贵意见，请您留下联系电话，我们会及时将处理的结果反馈给您
（2）客户的建议和意见具有可行性	当客户提出的建议和意见具有可行性时，向客户致谢，并向客户告知对建议和意见的后续处理	非常感谢您的宝贵意见，我们会及时反映到相关部门，感谢您对我们工作的关心和支持
	当工作有过失应主动向客户赔礼道歉，并向客户表明努力改进的意愿，并请客户监督、向客户致谢	非常抱歉，因为我们的工作失误给您增加了不少麻烦，非常感谢您及时指出我们的工作失误，我们将避免类似情况再次发生
（3）客户的建议与现行规定、政策相悖	向客户表示感谢，并向客户申明企业制度和法律法规的有关规定，进行解释和必要说明，取得客户理解和支持	非常感谢您的建议。目前，关于……的规定是这样的……，希望您能理解和支持
	若客户仍坚持意见，则表示将向有关部门反映客户的意见，感谢客户理解和支持，委婉暗示期望未来能够解决有关建议问题	我们会把您的宝贵建议反映到相关部门，感谢您对电力事业的理解和支持，相信今后一定能够解决
（4）客户所提出的建议不属于电力服务	判断建议的归口部门，并告知客户	非常感谢您的宝贵意见，您的建议已经超出了供电公司的服务范围，请您谅解！

十、关爱服务

关爱服务典型情景行为规范与应答示范见表4-10。

表4-10   关爱服务典型情景行为规范与应答示范

服务情景	服务行为规范	服务应答示范
（1）老弱病残客户	主动上前帮扶、询问，并根据客户的具体需要，协助办理相关业务； 业务结束后留下客户联系电话或地址，视具体情况请示领导是否提供上门服务	您好，我来帮您办理
	对听力不好的客户，应适当提高音量，放慢语速	
（2）带小孩来营业厅客户	主动上前询问是否需要帮助； 应特别提醒注意安全	您好！请问我有什么能帮您的吗？ 您好，请注意安全
（3）客户手持重物	主动上前帮助客户拎取重物并引导至相关柜台	您好，我来帮您
（4）雨雪天路滑	应及时通知相关人员，铺设防滑垫，摆放"小心跌滑"指示牌； 遇到老弱病残应主动搀扶	
（5）客户需使用便民设施时	主动告知客户，并协助其使用	您好，这边有××，请放心使用。 您好，我们有提供××，这边请

十一、收费服务

收费服务典型情景行为规范与应答示范见表4-11。

表4-11   收费服务典型情景行为规范与应答示范

服务情景	服务行为规范	服务应答示范
（1）客户缴纳电费	询问并核对客户信息； 把客户电费金额情况告知客户； 并询问客户是否交现金。 主动提示客户可通过"网上国网"App等线上渠道缴纳电费	您的户名是××，××月的电费是××元您××月的电费是××元。 请问您是交现金还是××呢？ 您可通过"网上国网"App等线上渠道缴纳电费

续表

服务情景	服务行为规范	服务应答示范
（2）收到客户电费	在收取客户电费时应唱收唱付；打印出客户所需的清单或发票	收您××元，您的电费是××元，找您××元； 这是您的电费清单，请您收好
（3）客户记不清户号且未带交费卡	请客户提供户名或地址，对查询到的信息应反复与客户核对，确保交费信息准确	请问您的户名和用电地址是多少？
（4）找钱时缺少零钱	向客户表示歉意，并询问客户有无零钱； 客户无零钱则请求值班管理人员换零钱，并请客户稍等	非常抱歉！现在没有零钱找，请问您有××元吗？ 您好，很抱歉，没有零钱，我马上去调换一下。 您好，很抱歉，没有零钱，您能稍等一会儿吗？有零钱时我马上找给您
（5）收到假币或对客户的纸币有疑问	应礼貌地将钱递回给客户，轻声要求客户更换，并暗示他退钱的原因	先生，麻烦您另换一张好吗？
（6）客户对滞纳金有异议	耐心向客户解释滞纳金产生的原因和计算方法，解释清楚滞纳金产生的依据； 建议其绑定微信公众号，及时关注欠费信息	您好，您的××滞纳金是这样的，……
（7）客户换增值税发票的证件不合格	告知客户不是有效证件，请客户出具有效证件才能打印	对不起，您提供的××证件无法办理换增值税发票手续。按规定您必须提供有效的证件，才能办理换增值税发票手续。 对不起，您的证件已经过了有效期，您能提供在有效期内的证件吗？
（8）电脑显示户名与客户提供的户名不符	先检查自己是否输错号码，如果是则向客户致歉并重新输入； 如果没输错则询问客户是否记错号码，重新输入直至户名核对无误为止	对不起，请您把客户号再报一遍，好吗？ 请问您的户名是××，用电地址是××，对吗？
（9）客户索要电费清单时	具体询问客户需要打印的电费清单时间； 为客户打印电费清单	您好，请问您要打印几月份电费清单？ 您好，这是您的电费清单，请收好

第五章

营业厅营业业务（规范）

第一节　营业厅业务分类及业务时限要求

一、营业厅业务分类

营业厅业务主要分为收费业务、用电业务、咨询、新能源展示、线上渠道推广。

二、营业厅业务时限要求

（1）办理居民客户收费业务的时间一般每件不超过5分钟。

（2）办理客户用电业务的时间一般每件不超过20分钟。

（3）受理客户查询、咨询、建议时，能当即答复客户时应当即答复客户，无法当即答复的，在接到相关部门咨询答复后0.5个工作日内答复客户。

（4）客户投诉的回复时间不超过5天。

（5）客户举报的回复时间不超过10天。

（6）客户办理用电业务所提供的资料、客户受电工程设计图纸送审、工程查验申请等，应在当天通知相关部门（班组）交接。接到审批完的供电方案、客户工程设计图纸审核意见书、供用电合同等，应在当天通知客户领取。

（7）对客户反映的意见和建议，在5个工作日内将答复意见或处理结果反馈给客户，并做好记录。

第二节　营业业务工作规范

按照《国家电网有限公司业扩报装管理规则》（国家电网企管〔2019〕431号）规定执行。

一、业务受理作业规范

（1）向客户提供营业厅、"网上国网"手机App、"国网安徽电力"微信公众号、95598网站等办电服务渠道，实行"首问负责制""一证受理""一次性告知""一站式服务"。对于有特殊需求的客户群体，提供办电预约上门服务。

（2）受理客户用电申请时，应主动向客户提供用电咨询服务，接收并查验客户申请资料，及时将相关信息录入营销业务应用系统，由系统自动生成业务办理表单。推行线上办电、移动作业和客户档案电子化，坚决杜绝系统外流转。

1）询问客户申请意图，主动向客户提供《客户业扩报装办理告知书》（格式见附件1），告知办理用电需提供的资料（资料清单见附件2）、办理的基本流程、相关的收费项目和标准，引导并协助客户填写用电申请书。

2）审核客户历史用电情况、欠费情况、信用情况。如客户存在欠费情况，则须结清欠费后方可办理。

3）接收客户用电申请资料，应查验客户资料是否齐全、申请单信息是否完整、检查证件是否有效。审查合格后向客户提供业务联系卡（格式见附件3）。对于资料欠缺或不完整的，营业受理人员应书面告知客户需要补充、完善的具体资料清单。

4）对于具有非线性负荷并可能影响供电质量或电网安全运行的客户，应书面告知客户委托有资质的单位开展电能质量评估工作，并提交初步治理技术方案，作为业扩报装申请的补充资料。

5）受理客户用电申请后，应在一个工作日内将相关资料转至下一个流程相关部门。

二、现场勘查及供电方案答复作业规范

（1）现场勘查前，勘查人员应预先了解待勘查地点的现场供电条件，与客户预约现场勘查时间，组织相关人员进行勘查。对申请增容的客户，应查阅客户用电档案，记录客户信息、历次变更用电情况等资料。

（2）现场勘查时，应重点核实客户负荷性质、用电容量、用电类别等信息，结合现场供电条件，初步确定电源、计量、计费方案。

（3）勘查的主要内容应包括：

1）对申请新装、增容用电的居民客户，应核定用电容量，确认供电电压、计量装置位置和接户线的路径、长度。其中，新建居住小区客户应现场调查小区规划，初步确定供电电源、供电线路、配电变压器分布位置、低压线缆路径等。

2）对申请新装、增容用电的非居民客户，应审核客户的用电需求，确定新增用电容量、用电性质及负荷特性，初步确定供电电源、供电电压、供电线路、计量方案、计费方案等。

3）对拟定的重要电力客户，应根据《国家电监会关于加强重要电力用户供电电源及自备应急电源配置监督管理的意见》，审核客户行业范围和负荷特性，并根据客户供电可靠性的要求以及中断供电危害程度进行分级。

4）对申请增容的客户，应核实客户名称、用电地址、电能表箱位、表位、表号、倍率等信息，检查电能计量装置和受电装置运行情况。

5）对现场不具备供电条件的，应在勘查意见中说明原因，并向客户做好解释工作。对现场存在违约用电、窃电嫌疑等异常情况的客户，勘查人员应做好现场记录，及时报相关职责部门，并暂缓办理该客户用电业务。在违约用电、窃电嫌疑排查处理完毕后重新启动业扩报装流程。

6）依据供电方案编制有关规定和技术标准要求，结合现场勘查结果、电网规划、用电需求及当地供电条件等因素，经过技术经济比较、与客户协商一致后，拟定供电方案。方案包含客户用电申请概况、接入系统方案、受电系统方案、计量计费方案、其他事项等5部分内容：

①用电申请概况：户名、用电地址、用电容量、行业分类、负荷特性及分级、保安负荷容量、电力用户重要性等级。

②接入系统方案：各路供电电源的接入点、供电电压、频率、供电容量、电源进线敷设方式、技术要求、投资界面及产权分界点、分界点开关等接入工程主要设施或装置的核心技术要求。

③受电系统方案：用户电气主接线及运行方式，受电装置容量及电气参数配置要

求；无功补偿配置、自备应急电源及非电性质保安措施配置要求；谐波治理、调度通信、继电保护及自动化装置要求；配电站房选址要求；变压器、进线柜、保护等一、二次主要设备或装置的核心技术要求。

④计量计费方案：计量点的设置、计量方式、用电信息采集终端安装方案，计量柜（箱）等计量装置的核心技术要求；用电类别、电价说明、功率因数考核办法、线路或变压器损耗分摊办法。

⑤其他事项：客户应按照规定交纳业务费用及收费依据，供电方案有效期，供用电双方的责任义务，特别是取消设计文件审查和中间检查后，用电人应履行的义务和承担的责任（包括自行组织设计、施工的注意事项，竣工验收的要求等内容），其他需说明的事宜及后续环节办理有关告知事项。对有受电工程的客户，应明确受电工程建设投资界面。

7）根据客户供电电压等级和重要性分级，取消供电方案分级审批，实行直接开放、网上会签或集中会审，并由营销部门统一答复客户。

8）高压供电方案的有效期为1年，低压供电方案的有效期为3个月。供电方案发生变更的，应严格履行审批程序，对因客户需求发生变化造成的，应书面通知客户重新办理用电申请手续；对因电网原因造成的，应与客户沟通协商、重新确定供电方案后再答复客户。

9）供电方案答复期限：在受理申请后，未实行"三零"服务的低压非居民客户在3个工作日答复供电方案；高压单电源客户不超过10个工作日；高压双电源客户不超过20个工作日。

三、受电工程设计审核作业规范

（1）对于重要或者有特殊负荷（高次谐波、冲击性负荷、波动负荷、非对称性负荷等）的客户，开展设计文件审查和中间检查。对于普通客户，实行设计单位资质、施工图纸与竣工资料合并报送。

（2）受理客户设计文件审查申请时，应查验设计单位资质等级证书复印件和设计图纸及说明（设计单位盖章），重点审核设计单位资质是否符合国家相关规定。如资料欠缺或不完整，应告知客户补充完善。

（3）严格按照国家、行业技术标准以及供电方案要求，开展重要或特殊负荷客户设计文件审查，审查意见应一次性书面答复客户。重点包括：

1）主要电气设备技术参数、主接线方式、运行方式、线缆规格应满足供电方案要求；通信、继电保护及自动化装置设置应符合有关规程；电能计量和用电信息采集装置的配置应符合《电能计量装置技术管理规程》、国家电网公司智能电能表以及用电信息采集系统相关技术标准。

2）对于重要客户，还应审查供电电源配置、自备应急电源及非电性质保安措施等，应满足有关规程、规定的要求。

3）对具有非线性阻抗用电设备（高次谐波、冲击性负荷、波动负荷、非对称性负荷等）的特殊负荷客户，还应审核谐波负序治理装置及预留空间，电能质量监测装置是否满足有关规程、规定要求。

（4）设计文件审查合格后，应填写客户受电工程设计文件审查意见单，并在审核通过的设计文件上加盖图纸审核专用章，告知客户下一环节需要注意的事项：

1）因客户原因需变更设计的，应填写《客户受电工程变更设计申请联系单》，将变更后的设计文件再次送审，通过审核后方可实施。

2）承揽受电工程施工的单位应具备政府部门颁发的相应资质的承装（修、试）电力设施许可证。

3）工程施工应依据审核通过的图纸进行。隐蔽工程掩埋或封闭前，须报供电企业进行中间检查。

4）受电工程竣工报验前，应向供电企业提供进线继电保护定值计算相关资料。

（5）设计图纸审查期限：自受理之日起，高压客户不超过3个工作日。

四、受电工程中间检查及竣工检验作业规范

（1）受理客户中间检查报验申请后，应及时组织开展中间检查。发现缺陷的，应一次性书面通知客户整改。复验合格后方可继续施工。

1）现场检查前，应提前与客户预约时间，告知检查项目和应配合的工作。

2）现场检查时，应查验施工企业、试验单位是否符合相关资质要求，重点检查涉

及电网安全的隐蔽工程施工工艺、计量相关设备选型等项目。

3）对检查发现的问题，应以书面形式一次性告知客户整改。客户整改完毕后报请供电企业复验。复验合格后方可继续施工。

4）中间检查合格后，以受电工程中间检查意见单书面通知客户。

5）对未实施中间检查的隐蔽工程，应书面向客户提出返工要求。

（2）中间检查的期限，自接到客户申请之日起，高压供电客户不超过2个工作日。

（3）简化竣工检验内容，重点查验可能影响电网安全运行的接网设备和涉网保护装置，取消客户内部非涉网设备施工质量、运行规章制度、安全措施等竣工检验内容；优化客户报验资料，普通客户实行设计、竣工资料合并报验，一次性提交。

（4）竣工检验分为资料查验和现场查验。

1）**资料查验**：在受理客户竣工报验申请时，应审核客户提交的材料是否齐全有效，主要包括：

①高压客户竣工报验申请表；

②设计、施工、试验单位资质证书复印件；

③工程竣工图及说明；

④电气试验及保护整定调试记录，主要设备的型式试验报告。

2）**现场查验**：应与客户预约检验时间，组织开展竣工检验。按照国家、行业标准、规程和客户竣工报验资料，对受电工程涉网部分进行全面检验。对于发现缺陷的，应以受电工程竣工检验意见单的形式，一次性告知客户，复验合格后方可接电。

查验内容包括：

①电源接入方式、受电容量、电气主接线、运行方式、无功补偿、自备电源、计量配置、保护配置等是否符合供电方案；

②电气设备是否符合国家的政策法规，以及国家、行业等技术标准，是否存在使用国家明令禁止的电器产品；

③试验项目是否齐全、结论是否合格；

④计量装置配置和接线是否符合计量规程要求，用电信息采集及负荷控制装置是否配置齐全，是否符合技术规范要求；

⑤冲击负荷、非对称负荷及谐波源设备是否采取有效的治理措施；

⑥双（多）路电源闭锁装置是否可靠，自备电源管理是否完善、单独接地、投切装置是否符合要求；

⑦重要电力用户保安电源容量、切换时间是否满足保安负荷用电需求，非电保安措施及应急预案是否完整有效；

⑧供电企业认为必要的其他资料或记录。

3）竣工检验合格后，应根据现场情况最终核定计费方案和计量方案，记录资产的产权归属信息，告知客户检查结果，并及时办结受电装置接入系统运行的相关手续。

（5）竣工检验的期限，自受理之日起，高压客户不超过3个工作日。

五、收费及合同签订作业规范

（1）严格按照价格主管部门批准的项目、标准计算业务费用，经审核后书面通知客户交费。收费时应向客户提供相应的票据，严禁自立收费项目或擅自调整收费标准。

（2）根据公司下发的统一供用电合同文本，与客户协商拟订合同内容，形成合同文本初稿及附件。电气化铁路客户应签订《电气化铁路牵引站供用电合同》。对于低压居民客户，精简供用电合同条款内容，可采取背书方式签订，或通过"网上国网"手机App、移动作业终端电子签名方式签订。对于低压小微企业，签订电子供用电合同。

（3）高压供用电合同实行分级管理，由具有相应管理权限的人员进行审核。对于重要客户或者对供电方式及供电质量有特殊要求的客户，采取网上会签方式，经相关部门审核会签后形成最终合同文本。

（4）供用电合同文本经双方审核批准后，由双方法定代表人、企业负责人或授权委托人签订，合同文本应加盖双方的"供用电合同专用章"或公章后生效；如有异议，由双方协商一致后确定合同条款。利用密码认证、智能卡、手机令牌等先进技术，推广应用供用电合同网上签约。

六、接电作业规范

（1）正式接电前，完成接电条件审核，并对全部电气设备做外观检查，确认已拆除所有临时电源，并对二次回路进行联动试验。增容客户还应拆除原有电能计量装置，抄录电能表编号、主要铭牌参数、止度数等信息，并请客户签字确认。接电条件包括：启动送电方案已审定，新建的供电工程已验收合格，客户的受电工程已竣工检验合格，《供用电合同》及相关协议已签订，业务相关费用已结清，电能计量装置、用电信息采集终端已安装检验合格，客户电气人员具备上岗资质、客户安全措施已齐备等。

（2）接电后应检查采集终端、电能计量装置运行是否正常，并会同客户现场抄录电能表示数，记录送电时间、变压器启用时间及相关情况。

（3）接电时限应满足以下要求：

1）对于低压居民客户，在正式受理用电申请后，5个工作日内完成装表接电工作。

2）对于实行"三零"服务的低压非居民客户，2021年、2022年底前，在正式受理用电申请后，分别在20、15个工作日内完成装表接电工作。对于未实行"三零"服务的低压非居民客户，具备直接装表条件的，在现场勘查时同步答复供电方案并装表接电；不具备直接装表条件的，在工程完工后，2个工作日内完成装表接电工作。

3）对于高压客户，在竣工验收合格，签订供用电合同，并办结相关手续后，3个工作日内完成送电工作。

4）对于有特殊要求的客户，按照与客户约定的时间装表接电。

七、资料归档作业规范

（1）推广应用营销档案电子化，逐步取消纸质工单，实现档案信息的自动采集、动态更新、实时传递和在线查阅。推进与政府部门实现数据互联互通，共享客户办电材料。在送电后3个工作日内，收集、整理并核对归档信息和资料，形成归档资料清单。

（2）制订客户资料归档目录，利用系统校验、95598回访等方式，核查客户档案资料，确保完整准确。如果档案信息错误或信息不完整，则发起纠错流程。具体要求如下：

1）档案资料应保留原件，确不能保留原件的，保留与原件核对无误的复印件。通过政企数据共享获取的资料，保存原始电子文档。供电方案答复单、供用电合同及相关协议必须保留原件。

2）档案资料应重点核实有关签章是否真实、齐全，资料填写是否完整、清晰。

3）各类档案资料应满足归档资料要求。档案资料相关信息不完整、不规范、不一致的，应退还给相应业务环节补充完善。

4）业务人员应建立客户档案台账并统一编号建立索引。

第三节 业扩类（新装、增容）业务流程、受理资料

备注：

①如无特殊说明，"客户申请所需资料"均指资料原件。

②经您授权后与政府部门通过数据共享可获取的材料，免于提供。

③根据国家规定，产权分界点是供用电双方运行维护管理以及安全责任范围的分界点。产权分界点客户侧部分由客户负责施工，产权分界点电网侧部分由供电企业负责施工，产权分界点将在《供用电合同》中约定。

一、高压新装（增容、临时用电）

（一）业务办理流程

1.普通用户

业务受理→供电方案答复→竣工检验和装表接电。

2.重要电力用户

业务受理→供电方案答复→设计文件审核→中间检查→竣工检验和装表接电。

（二）受理渠道

客户可通过供电营业厅、"网上国网""国网安徽电力"微信公众号或95598智能互动网站办理业务。分别由营业厅受理人员和服务调度或95598智能互动网站办理业务。分别由营业厅受理人员和服务调度人员负责确认资料的有效性和完整性。

（三）业务办理说明

1.业务受理

高压新装业务受理申请所需资料如表5-1所示。

表5-1　　　　　　　　　　　　高压新装业务受理申请资料

资料名称	资料说明	备注
用电主体资格证	自然人提供有效身份证明（如身份证、军人证、护照、户口簿或公安机关户籍证明等）	以自然人名义办理
	非自然人提供法人代表有效身份证明和营业执照或组织机构代码证、登记证书、有权单位出具的证明材料等	以非自然人名义办理
	若您委托他人办理，需同时提供经办人有效身份证明和授权委托书	委托他人办理
用电地址权属证明材料	如房屋所有权证、土地使用权证，或镇（街道、乡）及以上政府或房管、城建、国土管理部门根据所辖权限开具的产权合法证明等证明文书	
其他	用电工程项目批准文件	
	用电设备清单	

对申请资料暂不齐全的客户，您只要提供用电主体资格证明，我们将提供"容缺受理"服务，请您在我们上门服务时提供所缺资料。

2.供电方案答复

（1）受理您的用电申请后，我们会与您预约时间勘查用电现场供电条件，在10个工作日（双电源用户20个工作日）内向您答复供电方案。

（2）供电方案有效期自用户签收之日起一年内有效。如您有特殊情况，需延长供电方案有效期，请您务必在有效期到期前10天向我们提出申请，我们将为您办理供电方案延期或调整。

3.设计文件审核

若您是重要电力用户，为确保工程设计达标，我们会提供设计文件审核服务。设计文件审核需要您提供设计单位资质证明材料、受电工程设计及说明书，具备条件后我们将在3个工作日内完成审核并答复《客户受电工程设计文件审核意见单》，对审核发现的问题，请您及时整改，整改完成后重新办理报审手续，直至审核合格。

4.中间检查

若您是重要电力用户，为确保工程建设满足电力安全需求，我们会提供中间检查服务。在电缆管沟、接地网等隐蔽工程覆盖前，请及时通知我们进行中间检查，中间检查需要您提供施工单位资质证明材料和隐蔽工程施工及试验记录，具备条件后我们将在2个工作日内完成中间检查并答复《客户受电工程中间检查意见单》，对检查发现的问题，请您及时整改，整改完成后重新办理报验手续，直至检查合格。

5.竣工检验和装表接电

（1）您负责实施的受电工程，请您自主选择有相应资质的设计、施工单位开展受电工程设计、施工。

（2）受电工程竣工后，请您提出竣工报验申请并提供工程竣工报告（含竣工图纸）等材料，我们将在3个工作日内完成竣工检验并答复《客户受电工程竣工检验意见单》，对检验发现的问题，请您及时整改，整改完成后重新办理报验手续，直至检验合格。

（3）在受电工程检验合格，签订供用电合同及相关协议，并按照政府物价部门批准的收费标准结清高可靠性供电费用后，我们将在3个工作日内为您装表接电。

（四）温馨提示

（1）如您办理的高压新装、增容业务，涉及两路及以上多回路供电，我们将按照《转发国家发展改革委关于停止收取供配电贴费有关问题的补充通知》（皖价服〔2004〕223号）、《安徽省物价局关于20千伏电压等级高可靠性供电费用征收标准问题的函》（皖价商函〔2011〕131号）文件规定收取高可靠性供电费用。

（2）根据《国务院办公厅转发国家发展改革委等部门关于清理规范城镇供水供电供气供暖行业收费促进行业高质量发展意见的通知》（国办函〔2020〕129号）、安徽省发展改革委安徽省财政厅安徽省住房城乡建设厅安徽省自然资源厅安徽省市场监管局《关于印发安徽省清理规范城镇供水供电供气行业收费促进行业高质量发展实施方案的通知》（皖发改价格〔2021〕543号）、安徽省发展改革委安徽省能源局《关于进一步做好电力接入工程"零投资"创建一流营商环境的通知》（皖发改价格函〔2022〕93号），对2021年3月1日后取得土地使用权的城镇规划建设用地范围内项目，建立政府、供电企业共同承担建筑规划红线外的电力接入工程费用分担机制，具体费用分担参照各地文件要求执行。

（3）用电工程项目批准文件指根据《企业投资项目核准和备案管理办法》等国家有关规定须取得政府相关部门的项目批复、核准、备案文件等。

（4）您可以通过信用能源网站（http://xyny.nea.gov.cn/publicity）、全国建筑市场监管公共服务平台（http://jzsc.mohurd.gov.cn/data/company）等渠道查询设计、施工和设备材料供应单位的相关信息。

（5）若您选择两部制电价，还需同步确认容（需）量电价计费方式。如您需要变更，请提前15个工作日办理下3个月的容（需）量电价计费方式。

（6）与政府部门通过数据共享可获取的材料，免于提供。

（7）前期已经提供且尚在有效期内的资料，无须再次提供。

（8）我公司现全面推行"互联网＋"业扩服务，除营业厅外，还为您提供"网上国网"手机App等电子渠道应用，推行线上办电和移动作业，提供进程信息订制推送服务。

（9）您新装或更换的变压器须符合《电力变压器能效限定值及能效等级》（GB20052-2020）中1级、2级能效标准。

二、低压非居民新装（增容）

（一）业务办理流程

1.小微企业

业务受理→装表接电。

2.非小微企业

业务受理→供电方案答复→装表接电。

（二）受理渠道

客户可通过供电营业厅、"网上国网""国网安徽电力"微信公众号或95598智能互动网站办理业务。分别由营业厅受理人员和服务调度人员负责确认资料的有效性和完整性。

（三）业务办理说明

1.业务受理

低压非居民新装业务申请所需资料如表5-2所示。

表5-2 　　　　　　　　　　　低压非居民新装业务申请资料

资料名称	资料说明	备注
用电主体资格证明	自然人提供有效身份证明（如身份证、军人证、护照、户口簿或公安机关户籍证明等）	以自然人办理
	非自然人提供法人代表有效身份证明和营业执照或组织机构代码证、登记证书、有权单位出具的证明材料等	以非自然人办理
	若您委托他人办理，需同时提供经办人有效身份证明和授权委托书	委托他人办理
用电地址权属证明材料	如房屋所有权证、土地使用权证，或镇（街道、乡）及以上政府或房管、城建、国土管理部门根据所辖权限开具的产权合法证明等证明文书	
其他需提供信息	开户行名称、银行账号等信息	开具增值税发票提供

对申请资料暂不齐全的客户，您只要提供用电主体资格证明，我们将提供"容缺受理"服务，请您在我们上门服务时提供所缺资料。

2.供电方案答复

若您是非小微企业，受理您的用电申请后，我们会与您预约时间勘查用电现场供电条件，在3个工作日内向您答复供电方案。

3.装表接电

（1）若您是小微企业，全过程办电时间不超过15个工作日。若您是非小微企业，请您在受电工程竣工后申请接电，我们将在2个工作日内完成装表接电。

（2）装表接电前，须与我们签订《供用电合同》。

（四）温馨提示

（1）如您办理的低压非居民新装、增容业务，涉及两路及以上多回路供电，我们将按照《转发国家发展改革委关于停止收取供配电贴费有关问题的补充通知》（皖价服〔2004〕223号）规定收取高可靠性供电费用。

（2）您负责实施的受电工程，请您自主选择有相应资质的施工单位开展受电工程施工。您可以通过信用能源网站（http://xyny.nea.gov.cn/publicity）、全国建筑市场监管公共服务平台（http://jzsc.mohurd.gov.cn/data/company）等渠道查询施工和设备材料供应单位的相关信息。

（3）根据《国家发展和改革委员会　国家能源局关于全面提升"获得电力"服务水平　持续优化用电营商环境的意见》（发改能源规〔2020〕1479号）文件规定，对于用电报装容量160千瓦及以下实行"三零"服务的用户采取低压方式接入电网；如您确实需要采用高压接入的，经您申请，我们也可为您提供高压接入服务。

（4）与政府部门通过数据共享可获取的材料，免于提供。

（5）前期已经提供且尚在有效期内的资料，无须再次提供。

（6）我公司现全面推行"互联网+"业扩服务，除营业厅外，还为您提供"网上国网"手机App等电子渠道应用，推行线上办电和移动作业，提供进程信息订制推送服务。

（7）如您有用电增容需求，我们将提供用电绿色通道服务。

三、低压居民新装（增容）

（一）业务办理流程

业务受理→装表接电。

（二）受理渠道

客户可通过供电营业厅、"网上国网""国网安徽电力"微信公众号或95598智能互动网站办理业务。分别由营业厅受理人员和服务调度人员负责确认资料的有效性和完整性。

（三）业务办理说明

1. 申请受理

客户按照"客户申请所需资料清单"要求提供申请资料（见表5-3），受理客户用电申请后，将在1个工作日内与您约定时间，开展上门服务。

表5-3　　　　　　　　　　低压居民新装业务申请资料

资料名称	资料说明	备注
用电主体资格证明	用电人有效身份证明（如身份证、军人证、护照、户口簿或公安机关户籍证明等）	
	若您委托他人办理，需同时提供经办人有效身份证明和授权委托书	委托他人办理
用电地址权属证明材料	如房屋所有权证、土地使用权证，或镇（街道、乡）及以上政府或房管、城建、国土管理部门根据所辖权限开具产权合法证明等证明文书	

对申请资料暂不齐全的客户，您只要提供用电主体资格证明，我们将提供"容缺受理"服务，请您在我们上门服务时提供所缺资料。

2. 装表接电

（1）电能表电源侧供电设施（含计量装置）由我们负责施工，全过程办电时间不超过5个工作日。

（2）装表接电前，须与我们签订《供用电合同》。

（四）温馨提示

（1）与政府部门通过数据共享可获取的材料，免于提供。

（2）前期已经提供且尚在有效期内的资料，无须再次提供。

（3）我公司现全面推行"互联网+"业扩服务，除营业厅外，还为您提供"网上国网"手机App等电子渠道应用，推行线上办电和移动作业，提供进程信息订制推送服务。

（4）如您有用电增容需求，我们将提供用电绿色通道服务。

四、高压非居民分布式电源新装、增容

（一）业务办理流程

业务受理→接入系统方案答复→设计文件审核→并网验收运行。

（二）受理渠道

客户可通过供电营业厅、"网上国网""国网安徽电力"微信公众号或95598智能互动网站办理业务。分别由营业厅受理人员和服务调度或95598智能互动网站办理业务。分别由营业厅受理人员和服务调度人员负责确认资料的有效性和完整性。

（三）业务办理说明

1.业务受理

客户按照"客户申请所需资料清单"要求准备申请资料，如表5-4所示。

表5-4　　　　　　高压非居民分布式电源新装、增容业务申请资料

资料名称	资料说明	备注
发电主体资格证明	法人代表有效身份证明和营业执照（或组织机构代码证等）	
	若您委托他人办理，需同时提供经办人有效身份证明和授权委托书	委托他人办理
发电地址物权证明	房屋所有权证、土地使用权证、乡镇或街道及以上人民政府出具的房屋归属证明。 若利用居民楼宇屋顶或外墙等公共部位建设，则还需提供物权归属主体或被授权管理单位出具的证明材料等； 若发电主体与发电地址物权归属主体为租赁关系，则还需提供租赁协议或土地权利人出具的场地使用证明等	
其他	政府主管部门项目核准（或备案）文件。如属地政府有其他要求，请您按要求办理	

对申请资料暂不齐全的客户，您只要提供用电主体资格证明，我们将提供"容缺受理"服务，请您在我们上门服务时提供所缺资料。

2.接入系统方案答复

（1）受理您的并网申请后，我们会与您预约时间勘查发电现场接入条件。

（2）若您为10（20）kV、35kV电压等级接入客户内部电网的，我们将在30个工作日内答复接入系统方案；若您为10（20）kV电压等级接入公共电网且装机容量不超过6MW的，我们将在40个工作日内答复接入系统方案；若您为10（20）kV或35kV电压等级接入公共电网，且装机容量超过6MW的，您可委托具备资质的设计单位开展接入系统设计工作，我们将于10个工作日内开展评审并给与答复。

3.设计文件审核

（1）请按照答复的接入系统方案开展工程设计。

（2）设计完成后，请您及时报审，报审资料见表5-5。我们将在10个工作日内完成审查并出具"分布式电源项目设计审查结果通知单"。

（3）若您需要变更设计，应将变更后的设计文件再次送审，通过后方可实施。

表5-5　　　　　　　　　　工程设计报审资料

业务环节	序号	资料名称	备注
接网工程设计审查	1	项目核准（或备案）文件	需核准（或备案）项目
	2	若委托第三方管理，提供项目管理方资料（工商营业执照、与客户签署的合作协议复印件）	项目委托第三方管理提供
	3	设计单位资质复印件	
	4	接网工程初步设计报告、图纸及说明书	
	5	主要电气设备一览表	
	6	继电保护方式	
	7	电能计量方式	
	8	通信系统方式	
	9	项目可行性研究报告	380/220伏多并网点接入项目不提供
	10	隐蔽工程设计资料	
	11	高压电气装置一、二次接线图及平面布置图	
	12	自动化系统相关资料（远动信息表、电量信息表、监控系统和远动系统设计资料和技术资料）	并网调度项目提供

4.并网验收运行

（1）设计审查通过后，请您根据答复意见开展接网工程建设等后续工作。

（2）工程竣工后，请您及时申请并网验收，申请资料如表5-6所示。我们将在受理申请后10个工作日内完成并网验收及调试并出具"分布式电源项目并网检验意见单"。并网验收合格的，完成合同等协议签订后并网运行。

表5-6　　　　　　　　　　　　并网验收及调试申请资料

业务环节	序号	资料名称	备注
并网验收及调试	1	并网验收申请单： （1）《分布式电源并网调试和验收申请表》 （2）《联系人资料表》	
	2	施工单位资质，包括承装（修、试）电力设施许可证、建筑企业资质证书、安全生产许可证	
	3	光伏组件、逆变器的由国家认可资质机构出具的检测认证证书及产品技术参数；低压配电箱柜、断路器、闸刀、电缆等低压电气设备CCC认证证书；升压变、高压开关柜、断路器、闸刀等高压电气设备的型式试验报告	
	4	并网前单位工程调试报告（记录）	
	5	并网前单位工程验收报告（记录）	
	6	并网前设备电气试验、继电保护整定、通信联调、远动信息、电能量信息采集调试记录	其中远动信息并网调度项目需提供
	7	并网启动调试方案	35千伏项目、10千伏旋转电机类项目提供
	8	项目运行人员名单（及专业资质证书）	35千伏项目、10千伏旋转电机类和10千伏逆变器类项目提供
	9	等级保护测评报告和电力监控系统安全防护方案	并网调度项目提供

（四）温馨提示

（1）备案规模原则上为交流侧容量（即逆变器额定输出功率之和），项目备案后，项目法人发生变化，项目建设地点、规模、内容发生重大变更，或者放弃项目建设的，请您通过在线平台及时告知项目备案机关，并修改相关信息。

（2）自2023年8月26日起，新增备案小于6MW的地面光伏电站（包括利用坑塘水面、结合农业大棚、牲畜养殖等建设的光伏电站项目）纳入年度建设规模管理，未纳入年度建设规模的项目不得开工建设、不得并网。

（3）根据《安徽省能源局关于进一步推进分布式光伏规范有序发展的通知》（皖能源新能〔2023〕33号），我公司未出具接入意见的分布式光伏项目不得擅自开工建设。

（4）我们在并网及后续结算服务中，不收取任何服务费用。请您在并网申请时提供用于结算支付的开户银行、账户名称和账号。

（5）您可以通过信用能源网站（http://xyny.nea.gov.cn/publicity）、全国建筑市场监管公共服务平台（http://jzsc.mohurd.gov.cn/data/company）等渠道查询施工和设备材料供应单位的相关信息。

（6）与政府部门通过数据共享可获取的材料，免于提供。

（7）前期已经提供且尚在有效期内的资料，无须再次提供。

（8）我公司现全面推行"互联网+"业扩服务，除营业厅外，还为您提供"网上国网"手机App等电子渠道应用，推行线上办电和移动作业，提供进程信息订制推送服务。

分布式电源分类：

第一类：10kV及以下电压等级接入，且单个并网点总装机容量不超过6MW的分布式电源。

第二类：35kV电压等级接入，年自发自用电量大于50%，或10kV电压等级接入且单个并网点总装机容量超过6MW，年自发自用电量大于50%的分布式电源。

在完成并网后，需客户及时向当地市级财政、价格、能源主管部门，提供纳入补助目录申请；政府相关部门批准后，及时告知供电公司，确保补助资金及时拨付到位。

五、低压非居民分布式电源新装、增容

（一）业务办理流程

1.单点并网

业务受理→接入系统方案答复→并网验收运行。

2.多点并网

业务受理→接入系统方案答复→设计文件审核→并网验收运行。

（二）受理渠道

客户可通过供电营业厅、"网上国网""国网安徽电力"微信公众号或95598智能互动网站办理业务。分别由营业厅受理人员和服务调度或95598智能互动网站办理业务。分别由营业厅受理人员和服务调度人员负责确认资料的有效性和完整性。

（三）业务办理说明

1.业务受理

客户按照"客户申请所需资料清单"（见表5-7）要求准备申请资料。

表5-7 客户申请所需资料清单

资料名称	资料说明	备注
发电主体资格证明	法人代表有效身份证明和营业执照（或组织机构代码证等）	
	若您委托他人办理，需同时提供经办人有效身份证明和授权委托书	委托他人办理
发电地址物权证明	房屋所有权证、土地使用权证、乡镇或街道及以上人民政府出具的房屋归属证明。 若利用居民楼宇屋顶或外墙等公共部位建设，则还需提供物权归属主体或被授权管理单位出具的证明材料等； 若发电主体与发电地址物权归属主体为租赁关系，则还需提供租赁协议或土地权利人出具的场地使用证明等	
其他	政府主管部门项目核准（或备案）文件。如属地政府有其他要求，请您按要求办理	

对申请资料暂不齐全的客户，您只要提供用电主体资格证明，我们将提供"容缺受理"服务，请您在我们上门服务时提供所缺资料。

2.接入系统方案答复

受理您的并网申请后，我们会与您预约时间勘查发电现场接入条件，并在15个工作日内向您答复接入系统方案。

3.设计文件审核

（1）对于380/220伏多并网点接入的分布式电源项目，您可自行委托具备资质的设计单位，按照答复的接入系统方案开展工程设计。在设计完成后，请您及时报审，报审资料见表5-8，我们将在10个工作日内完成审查并出具"分布式电源项目设计审查结果通知单"。

（2）若您需要变更设计，请将变更后的设计文件再次送审，审查通过后方可实施。

表5-8 工程设计报审资料清单

业务环节	序号	资料名称	备注
接网工程设计审查	1	项目核准（或备案）文件	需核准（或备案）项目
	2	若委托第三方管理，提供项目管理方资料（工商营业执照、与客户签署的合作协议复印件）	项目委托第三方管理提供
	3	设计单位资质复印件	
	4	接网工程初步设计报告、图纸及说明书	
	5	主要电气设备一览表	
	6	继电保护方式	
	7	电能计量方式	
	8	通信系统方式	
	9	自动化系统相关资料（远动信息表、电量信息表、监控系统和远动系统设计资料和技术资料）	并网调度项目提供

4.并网验收运行

工程竣工后，请您及时申请并网验收，申请资料见表5-9。我们将在受理申请后10个工作日内完成并网验收及调试并出具"分布式电源项目并网检验意见单"。并网验收合格的，完成合同等协议签订后并网运行。

表5-9　　　　　　　　　　并网验收及调试申请资料清单

业务环节	序号	资料名称	备注
并网验收 及调试	1	并网验收申请单： （1）《分布式电源并网调试和验收申请表》 （2）《联系人资料表》	
	2	施工单位资质，包括承装（修、试）电力设施许可证、建筑企业资质证书、安全生产许可证	
	3	光伏组件、逆变器的由国家认可资质机构出具的检测认证证书及产品技术参数；低压配电箱柜、断路器、闸刀、电缆等低压电气设备CCC认证证书；升压变、高压开关柜、断路器、闸刀等高压电气设备的型式试验报告	
	4	并网前单位工程调试报告（记录）	
	5	并网前单位工程验收报告（记录）	
	6	并网前设备电气试验、继电保护整定、通信联调、远动信息、电能量信息采集调试记录	其中远动信息并网调度项目需提供
	7	等级保护测评报告和电力监控系统安全防护方案	并网调度项目提供

（四）温馨提示

（1）备案规模原则上为交流侧容量（即逆变器额定输出功率之和），项目备案后，项目法人发生变化，项目建设地点、规模、内容发生重大变更，或者放弃项目建设的，请您通过在线平台及时告知项目备案机关，并修改相关信息。

（2）自2023年8月26日起，新增备案小于6兆瓦的地面光伏电站（包括利用坑塘水面、结合农业大棚、牲畜养殖等建设的光伏电站项目）纳入年度建设规模管理，未纳入年度建设规模的项目不得开工建设、不得并网。

（3）根据《安徽省能源局关于进一步推进分布式光伏规范有序发展的通知》（皖能源新能〔2023〕33号），我公司未出具接入意见的分布式光伏项目不得擅自开工建设。

（4）我们在并网及后续结算服务中，不收取任何服务费用。请您在并网申请时提供用于结算支付的开户银行、账户名称和账号。

（5）您可以通过全国建筑市场监管公共服务平台（http://jzsc.mohurd.gov.cn/data/company）等渠道查询设计单位的相关信息。

（6）与政府部门通过数据共享可获取的材料，免于提供。

（7）前期已经提供且尚在有效期内的资料，无须再次提供。

（8）我公司现全面推行"互联网＋"业扩服务，除营业厅外，还为您提供"网上国网"手机App等电子渠道应用，推行线上办电和移动作业，提供进程信息订制推送服务。

六、低压居民分布式电源新装增容

（一）业务办理流程

业务受理→接入系统方案答复→并网验收运行。

（二）受理渠道

客户可通过供电营业厅、"网上国网""国网安徽电力"微信公众号或95598智能互动网站办理业务。分别由营业厅受理人员和服务调度或95598智能互动网站办理业务。分别由营业厅受理人员和服务调度人员负责确认资料的有效性和完整性。

（三）业务办理说明

1.业务受理

客户按照"居民分布式电源客户申请所需资料清单"（见图5-10）要求提供申请资料。

表5-10　　　　　　　居民分布式电源客户申请所需资料清单

资料名称	资料说明	备注
发电主体资格证明	发电人有效身份证明（如身份证、军人证、护照、户口簿或公安机关户籍证明等）	
	若您委托他人办理，需同时提供经办人有效身份证明和授权委托书	委托他人办理

资料名称	资料说明	备注
发电地址物权证明	房屋所有权证、土地使用权证、乡镇或街道及以上人民政府出具的房屋隶属证明。 若利用居民楼宇屋顶或外墙等公共部位建设，则还需提供物权归属主体或被授权管理单位出具的证明材料等。当用户名与光伏新装屋顶户主身份证明一致的，无须提供	
其他	如属地政府有其他要求，请您按要求办理	

对申请资料暂不齐全的客户，您只要提供用电主体资格证明，我们将提供"容缺受理"服务，请您在我们上门服务时提供所缺资料。

2.接入系统方案答复

受理您的并网申请后，我们会与您预约时间勘查发电现场接入条件，并在15个工作日内向您答复接入系统方案。

3.并网验收运行

工程竣工后，请您及时申请并网验收，申请资料见表5-11。我们将在受理申请后10个工作日内完成并网验收及调试并出具《分布式电源项目并网检验意见单》。并网验收合格的，完成合同等协议签订后并网运行。

表5-11　　　　　　　　　　并网验收申请资料清单

业务环节	序号	资料名称	备注
并网验收申请	1	验收和调试申请表；居民光伏项目并网验收和调试申请表	
	2	主要电气设备一览表	
	3	主要设备技术参数和型式认证报告（包括光伏电池、逆变器、断路器、隔离开关等设备）、逆变器的检测认证报告、低压电气设备3C证书	
	4	光伏发电系统安装验收和调试报告	
	5	安装单位、试验单位的资质证明〔承装（修、试）电力设施许可证〕	容量在400千瓦以上的项目施工须提供

（四）温馨提示

（1）我们在并网及后续结算服务中，不收取任何服务费用。

（2）自然人全款购模式户用光伏项目由电网企业代自然人向当地能源主管部门申请备案。

（3）根据《安徽省能源局关于进一步推进分布式光伏规范有序发展的通知》（皖能源新能〔2023〕33号），我公司未出具接入意见的分布式光伏项目不得擅自开工建设。

（4）请在并网前提供主要光伏发电设备（包括光伏组件、逆变器等）购置发票原件，如无法提供，将不能按自然人并网，相关业务流程终止，需重新按其他分布式光伏项目申报程序进行申请。

（5）我们为您提供居民光伏项目上网电费结算和政府补贴资金转付服务，并依据电量结算单和发票进行结算。请您在并网申请时提供用于结算支付的开户银行、账户名称和账号。

（6）与政府部门通过数据共享可获取的材料，免于提供。

（7）前期已经提供且尚在有效期内的资料，无须再次提供。

（8）我公司现全面推行"互联网+"业扩服务，除营业厅外，还为您提供"网上国网"手机App等电子渠道应用，推行线上办电和移动作业，提供进程信息订制推送服务。

七、小区新装

（一）业务办理流程

业务受理→供电方案答复→设计文件审查→中间检查→竣工检验→送电。

（二）受理渠道

客户可通过供电营业厅、"网上国网""国网安徽电力"微信公众号或95598智能互动网站办理业务。分别由营业厅受理人员和服务调度人员负责确认资料的有效性和完整性。

（三）业务办理说明

1.业务受理

申请所需资料如表5-12所示。

表5-12　　　　　　　　　　　小区新装申请所需资料清单

资料名称	资料说明	备注
用电主体资格证明	法人代表有效身份证明和营业执照（或组织机构代码证等）	
	若您委托他人办理，需同时提供经办人有效身份证明和授权委托书	委托经办人办理
用电地址物权证明	房屋所有权证、土地使用权证、国有土地划拨证书、工程规划许可证、用地规划许可证等	
其他	用电工程项目批准文件	
	用电设备清单	
	规划部门批复的平面布置图	

对申请资料暂不齐全的客户，您只要提供用电主体资格证明，我们将提供"容缺受理"服务，请您在我们上门服务时提供所缺资料。

2.供电方案答复

（1）受理您的用电申请后，我们会与您预约时间勘查用电现场供电条件，在10个工作日（双电源用户20个工作日）内向您答复供电方案。

（2）供电方案有效期自用户签收之日起一年内有效。如您有特殊情况，需延长供电方案有效期，请您务必在有效期到期前10天向我们提出申请，我们将为您办理供电方案延期或调整。

3.设计文件审查

收到供电方案后，请您自主选择有相应资质的设计单位开展受电工程设计。设计完成后，请您提供设计单位资质证明材料和受电工程设计及说明书，具备条件后我们将在3个工作日内完成审核并出具《小区新装设计文件审核意见单》。对审核中发现的问题，请您及时整改，整改完成后重新办理报审手续，直至审查合格。

4.中间检查

根据已通过审核的设计图纸，请您自主选择有相应资质的施工单位开展受电工程施工。在电缆沟、接地网等隐蔽工程覆盖前，请您提供施工单位资质证明材料和隐蔽工程施工及试验记录，具备条件后我们将在 2 个工作日内组织中间检查并出具《小区新装中间检查意见单》。对于检查中发现的问题，请您及时整改，整改完成后重新办理报验手续，直至中间检查合格。

5.竣工检验

您的受电工程竣工后，请你提供工程竣工报告（含竣工图纸），我们将在 3 个工作日内组织竣工检验并出具《小区新装竣工检验意见单》。对竣工检验中发现的问题，请您及时整改，整改完成后重新办理报验手续，直至检验合格。

6.送电

受电工程检验合格后，我们将在 3 个工作日内为您送电。

7.温馨提示

（1）如您办理的小区新装业务，涉及两路及以上多回路供电，我们将根据《转发国家发展改革委关于停止收取供配电贴费有关问题的补充通知》（皖价服〔2004〕223号）、《安徽省物价局关于 20 千伏电压等级高可靠性供电费用征收标准问题的函》（皖价商函〔2011〕131号）文件规定收取高可靠性供电费用。

（2）审查合格后的设计文件若需要变更，请您将变更后的设计文件再次送审，审查通过后方可据以施工。

（3）您可以通过信用能源网站（http://xyny.nea.gov.cn/publicity）、全国建筑市场监管公共服务平台（http://jzsc.mohurd.gov.cn/data/company）等渠道查询设计、施工和设备材料供应单位的相关信息。

（4）与政府部门通过数据共享可获取的材料，免于提供。

（5）您新装或更换的变压器须符合《电力变压器能效限定值及能效等级》（GB 20052—2020）中1级、2级能效标准。

八、低压充换电设施（电动汽车）

（一）业务办理流程

用电申请→装表接电。

（二）受理渠道

客户可通过供电营业厅、"网上国网""国网安徽电力"微信公众号或95598智能互动网站办理业务。分别由营业厅受理人员和服务调度人员负责确认资料的有效性和完整性。

（三）业务办理说明

1.业务受理

申请资料如表5-13所示。

表5-13 低压充换电设施（电动汽车）申请所需资料清单

资料名称	资料说明	备注
用电主体资格证明材料	自然人提供有效身份证明（如身份证、军人证、护照、户口簿或公安机关户籍证明等）	以自然人名义办理
	非自然人提供法人代表有效身份证明和营业执照（或组织机构代码证）等。	以非自然人名义办理
	若您委托他人办理，需同时提供经办人有效身份证明和授权委托书	委托经办人办理
用电地址物权证明	如固定车位产权证明或一年及以上使用权证明等	

对申请资料暂不齐全的客户，您只要提供用电主体资格证明，我们将提供"容缺受理"服务，请您在我们上门服务时提供所缺资料。

2.装表接电

（1）受理您用电申请后，我们将与您约定时间，开展上门服务，全过程办电时间不超过15个工作日。

（2）装表接电前，需与我们签订《供用电合同》。

（四）温馨提示

（1）若为无法证明拥有产权或使用权的车位，如公共道路、公共区域、消防通道、消防作业区等范围内的临时停车位，则无法为您的充电设施装表接电，请您理解。若您申请在人防工程内车位安装充换电设施，需符合《安徽省人防工程内安装新能源电动汽车充电设施指引》（皖国动办综〔2023〕47号）相关要求。

（2）若您为商业运营的充换电设施，需同时提供项目备案信息。

（3）与政府部门通过数据共享可获取的材料，免于提供。

（4）我公司现全面推行"互联网+"业扩服务，除营业厅外，还为您提供"网上国网"手机App等电子渠道应用，推行线上办电和移动作业，提供进程信息订制推送服务。

九、低压非居民充换电设施

（一）业务办理流程

（1）小微企业：业务受理→装表接电。

（2）非小微企业：业务受理→供电方案答复→装表接电。

（二）受理渠道

客户可通过供电营业厅、"网上国网""国网安徽电力"微信公众号或95598智能互动网站办理业务。分别由营业厅受理人员和服务调度人员负责确认资料的有效性和完整性。

（三）业务办理说明

1.业务受理

在受理客户用电申请时，需要签订《电动汽车充电桩供用电协议》。并按照"客户申请所需资料清单"（见表5-14）要求提供申请资料。

表5-14　　　　　　低压非居民充换电设施客户申请所需资料清单

资料名称	资料说明	备注
用电主体资格证明	自然人提供有效身份证明（如身份证、军人证、护照、户口簿或公安机关户籍证明等）	以自然人名义办理
	非自然人提供法人代表有效身份证明和营业执照（或组织机构代码证）等	以非自然人名义办理
	若您委托他人办理，需同时提供经办人有效身份证明和授权委托书	委托经办人办理
用电地址物权证明	如房屋所有权证、土地使用权证，或镇（街道、乡）及以上政府或房管、城建、国土管理部门根据所辖权限开具的产权合法证明等证明文书	
其他	若涉及在需授权范围内施工，需提供被授权管理单位（业主委员会、居委会或物业服务企业等）出具的同意安装充电设施的证明材料	

对申请资料暂不齐全的客户，您只要提供用电主体资格证明，我们将提供"容缺受理"服务，请您在我们上门服务时提供所缺资料。

2.供电方案答复

若您是非小微企业，受理您的用电申请后，我们会与您预约时间勘查用电现场供电条件，在3个工作日内向您答复供电方案。

3.装表接电

（1）若您是小微企业，全过程办电时间不超过15个工作日。

（2）若您需是非小微企业，请您在受电工程竣工后申请接电，我们将在2个工作日内完成装表接电。装表接电前，需与我们签订《供用电合同》。

（四）温馨提示

（1）对于居民住宅小区内集中设置的6个及以上充电插座的，符合相关行业标准的电动自行车集中式充电设施用电，充电设施经营者可向当地电网企业申请执行居民生活合表电价并实行峰谷分时电价。

（2）对于居民住宅小区以外的电动自行车充电设施用电，按其所在场所执行相应分类电价。

（3）新增电动自行车集中停车区、充电设施项目建设，应符合《中华人民共和国民法典》关于改变小区共用区域用途的相关规定，符合项目建设标准和安全规范。

（4）如您办理的低压非居民新装、增容业务，涉及两路及以上多回路供电，我们将根据《转发国家发展改革委关于停止收取供配电贴费有关问题的补充通知》（皖价服〔2004〕223号）规定收取高可靠性供电费用。

（5）您负责实施的受电工程，请您自主选择有相应资质的施工单位开展受电工程施工。您可以通过信用能源网站（http://xyny.nea.gov.cn/publicity）、全国建筑市场监管公共服务平台（http://jzsc.mohurd.gov.cn/data/company）等渠道查询施工和设备材料供应单位的相关信息。

（6）根据《国家发展和改革委员会 国家能源局关于全面提升"获得电力"服务水平 持续优化用电营商环境的意见》（发改能源规〔2020〕1479号）文件规定，对于用电报装容量160千瓦及以下实行"三零"服务的用户采取低压方式接入电网；如您确实需要采用高压接入的，经您申请，我们也可为您提供高压接入服务。

（7）与政府部门通过数据共享可获取的材料，免于提供。

（8）前期已经提供且尚在有效期内的资料，无须再次提供。

十、低压批量新装

（一）业务办理流程

业务受理→供电方案答复→装表接电。

（二）受理渠道

客户可通过供电营业厅、"网上国网""国网安徽电力"微信公众号或95598智能互动网站办理业务。分别由营业厅受理人员和服务调度人员负责确认资料的有效性和完整性。

（三）业务办理说明

1.业务受理

客户申请所需资料如表5-15所示。

表5-15　　　　　　　　　低压批量新装客户申请所需资料清单

资料名称	资料说明	备注
用电主体资格证明材料	自然人提供有效身份证明（如身份证、军人证、护照、户口簿或公安机关户籍证明等）	以自然人名义办理
	非自然人提供法人代表有效身份证明和营业执照（或组织机构代码证）等	以非自然人名义办理
	若您委托他人办理，需同时提供经办人有效身份证明和授权委托书	委托经办人办理
用电地址物权证明	如房屋所有权证、土地使用权证，购房合同、购房发票复印件，镇（街道、乡）及以上政府或房管、城建、国土管理部门根据所辖权限开具产权合法证明等证明文书	

对申请资料暂不齐全的客户，您只要提供用电主体资格证明，我们将提供"容缺受理"服务，请您在我们上门服务时提供所缺资料。

2.供电方案答复

受理您的用电申请后，我们会与您预约时间勘查用电现场供电条件，向您答复供电方案。

3.装表接电

（1）我们将根据与您的协商约定时间完成表计批量安装，特殊情况涉及外部配套电网工程施工的，我们将尽快组织实施，在工程施工完成当天装表接电。

（2）装表接电前，须与我们签订《供用电合同》。

（四）温馨提示

（1）如您办理的低压业务，涉及两路及以上多回路供电，我们将按照《转发国家发展改革委关于停止收取供配电贴费有关问题的补充通知》（皖价服〔2004〕223号）

文件规定收取高可靠性供电费用。

（2）与政府部门通过数据共享可获取的材料，免于提供。

十一、减容（减容恢复）

减容业务是指客户在正式用电后，由于生产经营情况发生变化，需要临时变更或设备检修或季节性用电等原因，为了节省和减少电费支出，需要整台或整组变压器停止运行/拆除或更换小容量变压器的一种变更用电业务。

减容恢复业务一般适用于正式用电的高压用户（用户提出恢复用电容量的时间不超过两年）。

（一）业务办理流程

1.普通用户

业务受理→供电方案答复→┬→设备封停（启封）（无工程）
　　　　　　　　　　　　└→竣工检验和装表送电（有工程）

2.重要电力客户

业务受理→供电方案答复→┬→设备封停（启封）（无工程）
　　　　　　　　　　　　└→设计文件审核→中间检查→竣工检验和装表接电（有工程）

（二）受理渠道

客户可通过供电营业厅、"网上国网""国网安徽电力"微信公众号或95598智能互动网站办理业务。分别由营业厅受理人员和服务调度或95598智能互动网站办理业务。分别由营业厅受理人员和服务调度人员负责确认资料的有效性和完整性。

（三）业务办理说明

1.业务受理

客户在办理用电申请时，请准备表5-16所示申请材料。

表5-16　　　　　　　　　　减容办理申请所需资料清单

资料名称	资料说明	备注
用电主体资格证明	自然人提供有效身份证明（如身份证、军人证、护照、户口簿或公安机关户籍证明等）	以自然人名义办理
	非自然人提供法人代表有效身份证明和营业执照（或组织机构代码证等）	以非自然人名义办理
	若您委托他人办理，需同时提供经办人有效身份证明和授权委托书	委托经办人办理

对申请资料暂不齐全的客户，您只要提供用电主体资格证明，我们将提供"容缺受理"服务，请您在我们上门服务时提供所缺资料。

2.供电方案答复

（1）在受理您的用电申请后，我们会与您预约时间勘查用电现场供电条件，在10个工作日（双电源用户20个工作日内向您答复供电方案）。

（2）若涉及受电工程施工，您需要在收到供电方案后，自主选择有相应资质的设计、施工单位，根据供电方案开展受电工程设计、施工。

3.设计文件审核

若您是重要电力用户，且您的业务涉及受电工程施工，为确保工程设计达标，我们会提供设计文件审查。设计文件审查需要您提供设计单位资质证明材料和受电工程设计及说明书，具备条件后我们将在3个工作日内完成审查。

4.中间检查

若您是重要电力用户，且您的业务涉及受电工程施工，为确保工程建设满足电力安全需求，我们会提供中间检查服务。中间检查需要您提供施工单位资质证明材料和隐蔽工程施工及试验记录，具备条件后我们将在2个工作日内完成中间检查，对检验发现的问题，请您及时整改，整改完成后重新办理报验手续，直至检验合格。

5.竣工检验和装表接电

检验并出具"客户受电工程竣工检验意见单"（见表5-17），对检验发现的问题，请您及时整改，整改完成后重新办理报受电工程竣工后，请您提供工程竣工报告（含竣工图纸）进行报验，我们将在3个工作日内完成竣工报验手续，直至检验合格。在受电工程检验合格，签订供用电合同及相关协议等后，我们将在 3 个工作日内为您装表接电。

表5-17　　　　　　　　　　客户受电工程竣工检验意见单

业务环节	资料名称	资料说明	备注
竣工检验	1.经加盖出图章且装订成册的工程设计文件和说明		重要或特殊负荷客户，由工程提供
	2.工程设计资质证书		
	3.施工单位的资质证书	承装（修、试）电力设施许可证	由工程提供
	4.施工单位出具的隐蔽工程施工记录，接地电阻测量记录		
	5.施工单位出具竣工图纸、电气试验报告及保护整定调试记录		

（四）温馨提示

（1）高低压用户均可以办理减容业务，自减容业务办结之日起，按照减容后的容量执行相应电价政策。

（2）减容应当是整台或整组变压器（含不通过受电变压器的高压电动机）的停止或更换小容量变压器用电，根据用户申请的减容日期，对非永久性减容的用户设备进行加封，对永久性减容的用户受电设备拆除电气连接。

（3）申请非永久性减容的，减容次数不受限制，每次减容时长不得少于十五日，最长不得超过两年；两年内恢复的按照减容恢复办理，超过两年的应当按照新装或增容办理。

（4）申请恢复用电时，容（需）量电费从减容恢复业务办结之日起按照恢复后的容（需）量计收；实际减容时长少于十五日的，停用期间容（需）量电费正常收取；非永久性减容期满后若您未申请恢复，我们可以为您延长减容期限，但距您申请非永久性减容时间最多不超过两年，超过两年仍未申请恢复的，我们将按照永久性减容办理。

（5）申请永久性减容的，应当按照减容后的容量重新签订供用电合同；永久性减少全部用电容量的，请按照销户办理；办理永久性减容后需恢复用电容量的，请按照新装或增容办理；办理非永久性减容的，可不变更供用电合同，以业务申请表单作为原合同附件确认变更事项。

（6）低压用户办理减容业务，我们将根据您申请减容后的用电容量配置对应的电能计量装置。

（7）选择合同最大需量计费方式的用户减容后，合同最大需量按照减容后总容量申报，申请减容周期将以抄表结算周期为基本单位，起止时间应与抄表结算起止时间一致，合同最大需量核定值在下一个抄表结算周期生效。

（8）您可以通过信用能源网站（http://xyny.nea.gov.cn/publicity）、全国建筑市场监管公共服务平台（http://jzsc.mohurd.gov.cn/data/company）等渠道查询设计、施工和设备材料供应单位的相关信息。

（9）与政府部门通过数据共享可获取的材料，免于提供；前期已经提供且尚在有效期内的资料，无须再次提供。

（10）您新装或更换的变压器须符合《电力变压器能效限定值及能效等级》（GB 20052—2020）中1级、2级能效标准。

（11）我公司现全面推行"互联网＋"业扩服务，除营业厅外，还为您提供"网上国网"手机App等电子渠道应用，推行线上办电和移动作业，提供进程信息订制推送服务。

（12）若您需要恢复用电，应提前向我公司申请办理减容恢复手续，由我公司启封后方可恢复用电，否则我公司将按照《供电营业规则》第一百零一条处理。

（13）停用超过6个月的变压器申请减容恢复的，用户应当委托有资质的单位开展变压器相关试验，试验合格并经供电企业检验通过后方可投入运行。

十二、暂换（暂换恢复）

（一）业务办理流程

1.普通用户

业务受理→供电方案答复→竣工检验和装表接电。

2.重要电力用户

业务受理→供电方案答复→设计文件审核→中间检查→竣工检验和装表接电。

（二）受理渠道

暂换、暂换恢复用电申请采用营业厅受理和电子渠道受理（简称线下和线上）两种方式。客户可通过供电营业厅、"网上国网""国网安徽电力"微信公众号或95598智能互动网站办理业务。分别由营业厅受理人员和服务调度或95598智能互动网站办理业务。分别由营业厅受理人员和服务调度人员负责确认资料的有效性和完整性。

（三）业务办理说明

1.业务受理

客户按照"客户申请所需资料清单"（见表5-18）要求提供申请资料。

表5-18 客户申请所需资料清单

资料名称	资料说明	备注
用电主体资格证明	自然人提供有效身份证明（如身份证、军人证、护照、户口簿或公安机关户籍证明等）	以自然人名义办理
	非自然人提供法人代表有效身份证明和营业执照（或组织机构代码证等）	以非自然人名义办理
	若您委托他人办理，需同时提供经办人有效身份证明和授权委托书	委托经办人办理

对申请资料暂不齐全的客户，您只要提供用电主体资格证明，我们将提供"容缺受理"服务，请您在我们上门服务时提供所缺资料。

2.供电方案答复

（1）受理您的用电申请后，我们会与您预约时间勘查用电现场供电条件，若您为低压用户，我们将在3个工作日内向您答复供电方案；若您为高压用户，我们将在10个工作日（双电源用户20个工作日）内向您答复供电方案。

（2）若涉及受电工程施工，您需要在收到供电方案后，自主选择有相应资质的设计、施工单位，根据供电方案开展受电工程设计、施工。

3.设计文件审核

若您是重要电力用户，为确保工程设计达标，我们会提供设计文件审核服务。设计文件审核需要您提供设计单位资质证明材料、受电工程设计及说明书，具备条件后我们将在3个工作日内完成审核并答复《客户受电工程设计文件审核意见单》，对审核发现的问题，请您及时整改，整改完成后重新办理报审手续，直至审核合格。

4.中间检查

若您是重要电力用户，为确保工程建设满足电力安全需求，我们会提供中间检查服务。在电缆管沟、接地网等隐蔽工程覆盖前，请及时通知我们进行中间检查，中间检查需要您提供施工单位资质证明材料和隐蔽工程施工及试验记录，具备条件后我们将在2个工作日内完成中间检查并答复《客户受电工程中间检查意见单》，对检查发现的问题，请您及时整改，整改完成后重新办理报验手续，直至检查合格。

5.竣工检验和装表接电检查

（1）受电工程竣工后，请您提出竣工报验申请并提供工程竣工报告（含竣工图纸）等材料，我们将在3个工作日内完成竣工检验并答复《客户受电工程竣工检验意见单》，对检验发现的问题，请您及时整改，整改完成后重新办理报验手续，直至检验合格。

（2）在受电工程检验合格，签订供用电合同及相关协议，并按照政府物价部门批准的收费标准结清高可靠性供电费用后，若您为低压用户，我们将在2个工作日内为您装表接电；若您为高压用户，我们将在3个工作日内为您装表接电。

（四）温馨提示

（1）暂换应当是整台或整组变压器（含不通过受电变压器的高压电动机）的更换。

（2）暂换变压器的使用时间，10（6、20）千伏及以下的不得超过两个月，35千伏及以上的不得超过三个月，逾期不办理手续的，我公司可中止供电。

（3）暂换和暂换恢复的变压器经检验合格后才能投入运行。

（4）两部制电价用户自暂换之日起，按照替换后的变压器容量计收容（需）量电费。

（5）您可以通过信用能源网站（http://xyny.nea.gov.cn/publicity）、全国建筑市场监管公共服务平台（http://jzsc.mohurd.gov.cn/data/company）等渠道查询设计、施工和设备材料供应单位的相关信息。

（6）与政府部门通过数据共享可获取的材料，免于提供。

（7）前期已经提供且尚在有效期内的资料，无须再次提供。

（8）您更换的变压器须符合《电力变压器能效限定值及能效等级》（GB 20052—2020）中1级、2级能效标准。

（9）我公司现全面推行"互联网＋"业扩服务，除营业厅外，还为您提供"网上国网"手机App等电子渠道应用，推行线上办电和移动作业，提供进程信息订制推送服务。

十三、迁址

（一）业务办理流程

1.普通用户

业务受理→供电方案答复→竣工检验和装表接电。

2.重要电力用户

业务受理→供电方案答复→设计文件审核→中间检查→竣工检验和装表接电。

（二）受理渠道

客户可通过供电营业厅、"网上国网""国网安徽电力"微信公众号或95598智能互动网站办理业务。分别由营业厅受理人员和服务调度或95598智能互动网站办理业务。分别由营业厅受理人员和服务调度人员负责确认资料的有效性和完整性。

（三）业务办理说明

1.业务受理

客户申请所需资料如表5-19所示。

表5-19 客户申请所需资料清单

资料名称	资料说明	备注
用电主体资格证	自然人提供有效身份证明（如身份证、军人证、护照、户口簿或公安机关户籍证明等）	以自然人名义办理
	非自然人提供法人代表有效身份证明和营业执照或组织机构代码证、登记证书、有权单位出具的证明材料等	以非自然人名义办理
	若您委托他人办理，需同时提供经办人有效身份证明和授权委托书	委托他人办理
新地址的用电地址物权证明	如房屋所有权证、土地使用权证，或镇（街道、乡）及以上政府或房管、城建、国土管理部门根据所辖权限开具的产权合法证明等证明文书	

对申请资料暂不齐全的客户，您只要提供用电主体资格证明，我们将提供"容缺受理"服务，请您在我们上门服务时提供所缺资料。

2.供电方案答复

（1）受理您的用电申请后，我们会与您预约时间勘查用电现场供电条件，若您为低压用户，我们将在3个工作日内向您答复供电方案；若您为高压用户，我们将在10个工作日（双电源用户20个工作日）内向您答复供电方案。

（2）若涉及受电工程施工，您需要在收到供电方案后，自主选择有相应资质的设计、施工单位，根据供电方案开展受电工程设计、施工。

3.设计文件审核

若您是重要电力用户，为确保工程设计达标，我们会提供设计文件审核服务。设计文件审核需要您提供设计单位资质证明材料、受电工程设计及说明书，具备条件后我们将在3个工作日内完成审核并答复"客户受电工程设计文件审核意见单"，对审核发现的问题，请您及时整改，整改完成后重新办理报审手续，直至审核合格。

4.中间检查

若您是重要电力用户，为确保工程建设满足电力安全需求，我们会提供中间检查服务。在电缆管沟、接地网等隐蔽工程覆盖前，请及时通知我们进行中间检查，中间检查需要您提供施工单位资质证明材料和隐蔽工程施工及试验记录，具备条件后我们将在2个工作日内完成中间检查并答复"客户受电工程中间检查意见单"，对检查发现的问题，请您及时整改，整改完成后重新办理报验手续，直至检查合格。

5.竣工检验和装表接电

（1）受电工程竣工后，请您提出竣工报验申请并提供工程竣工报告（含竣工图纸）等材料，我们将在3个工作日内完成竣工检验并答复"客户受电工程竣工检验意见单"，对检验发现的问题，请您及时整改，整改完成后重新办理报验手续，直至检验合格。

（2）在受电工程检验合格，签订供用电合同及相关协议，并按照政府物价部门批准的收费标准结清高可靠性供电费用后，若您为低压用户，我们将在2个工作日内为您装表接电；若您为高压用户，我们将在3个工作日内为您装表接电。

（四）温馨提示

（1）原址按照终止用电办理，供电企业予以销户，新址用电优先受理。

（2）迁移后的新址不在原供电点供电的，新址用电按照新装用电办理。

（3）迁移后的新址仍在原供电点，但新址用电容量超过原址用电容量的，超过部分按照增容办理；新址用电引起的用户产权范围内工程费用由用户负担。

（4）私自迁移用电地址用电的，除按照《供电营业规则》第一百零一条第四项进行处理外，自迁新址不论是否引起供电点变动，一律按照新装用电办理。

（5）您可以通过信用能源网站（http://xyny.nea.gov.cn/publicity）、全国建筑市场监管公共服务平台（http://jzsc.mohurd.gov.cn/data/company）等渠道查询设计、施工和设备材料供应单位的相关信息。

（6）与政府部门通过数据共享可获取的材料，免于提供。

（7）前期已经提供且尚在有效期内的资料，无须再次提供。

（8）我公司现全面推行"互联网+"业扩服务，除营业厅外，还为您提供"网上国网"手机App等电子渠道应用，推行线上办电和移动作业，提供进程信息订制推送服务。

十四、移表

（一）业务办理流程

业务受理→供电方案答复→竣工检验/装表接电。

（二）受理渠道

移表申请采用营业厅受理和电子渠道受理（简称线下和线上）两种方式。客户可通过供电营业厅、"网上国网""国网安徽电力"微信公众号或95598智能互动网站办理业务。分别由营业厅受理人员和服务调度或95598智能互动网站办理业务。分别由营业厅受理人员和服务调度人员负责确认资料的有效性和完整性。

（三）业务办理说明

1.业务受理

客户申请所需资料如表5-20所示。

表5-20　　　　　　　　　移表客户申请所需资料清单

资料名称	资料说明	备注
用电主体资格证	自然人提供有效身份证明（如身份证、军人证、护照、户口簿或公安机关户籍证明等）	以自然人名义办理
	非自然人提供法人代表有效身份证明和营业执照或组织机构代码证、登记证书、有权单位出具的证明材料等	以非自然人名义办理
	若您委托他人办理，需同时提供经办人有效身份证明和授权委托书	委托他人办理

2.供电方案答复

（1）受理您的用电申请后，我们会与您预约时间勘查用电现场供电条件，若您为低压用户，我们将在1个工作日内向您答复供电方案，若您为高压用户，我们将在2个工作日内向您答复供电方案。

（2）若涉及受电工程施工，您需要在收到供电方案后，自主选择有相应资质的设计、施工单位，根据供电方案开展受电工程设计、施工。

3.竣工检验和装表接电

受电工程竣工后，请您提出竣工报验申请并提供工程竣工报告（含竣工图纸）等材料，我们将在3个工作日内完成竣工检验并答复"客户受电工程竣工检验意见单"，对检验发现的问题，请您及时整改，整改完成后重新办理报验手续，直至检验合格。在受电工程检验合格后，若您为低压用户，我们将在2个工作日内为您装表接电；若您为高压用户，我们将在3个工作日内为您装表接电。

（四）温馨提示

（1）因修缮房屋或其他原因需要移动电能计量装置安装位置，在用电地址、用电容量、用电类别、供电点等不变情况下，可以办理移表手续。

（2）供电企业不收取移表费，移表引起的用户内部工程，由用户自行委托有资质的单位实施，工程费用由用户自行承担。

（3）用户需要移动电能计量装置时，需提前向供电企业申请办理移表手续，由供电企业对电能计量装置进行迁移装拆，用户不论何种原因，不得自行移动表位，否则，将按照《供电营业规则》第一百零一条第四项处理。

（4）与政府部门通过数据共享可获取的材料，免于提供。

（5）我公司现全面推行"互联网+"业扩服务，除营业厅外，还为您提供"网上国网"手机App等电子渠道应用，推行线上办电和移动作业，提供进程信息订制推送服务。

十五、暂拆（复装）

（一）业务办理流程

业务受理→拆（装）表停（接）电。

（二）受理渠道

暂拆、复装用电申请采用营业厅受理和电子渠道受理（简称线下和线上）两种方式。客户可通过供电营业厅、"网上国网""国网安徽电力"微信公众号或95598智能互动网站办理业务。分别由营业厅受理人员和服务调度或95598智能互动网站办理业务。分别由营业厅受理人员和服务调度人员负责确认。

（三）业务办理说明

1.业务受理

客户申请所需资料如表5-21所示。

表5-21 暂拆客户申请所需资料清单

资料名称	资料说明	备注
用电主体资格证	自然人提供有效身份证明（如身份证、军人证、护照、户口簿或公安机关户籍证明等）	以自然人名义办理
	非自然人提供法人代表有效身份证明和营业执照或组织机构代码证、登记证书、有权单位出具的证明材料等	以非自然人名义办理
	若您委托他人办理，需同时提供经办人有效身份证明和授权委托书	委托他人办理

2.拆表停电/装表接电

受理您的用电申请后，我们会与您预约时间勘查用电现场供电条件，请您做好现场配合工作，在您停止全部容量的使用并结清电费后，我们会在5个工作日内为您拆表停电（装表接电）。

（四）温馨提示

（1）若您因修缮房屋等原因，需暂时停止用电并拆表，且在一年内恢复用电的，可向我们申请暂拆。

（2）若因为您电费未及时结清、受电设备未按时停止、现场存在纠纷等情况引起业务办理受阻的，我们将终止后续环节办理，待您办妥相关事宜后重新申请。

（3）暂拆时间最长不得超过一年，暂拆期间，我们保留您原容量的使用权；若您超过一年时间仍未申请复装接电的，我们将按销户处理，后续如需用电按新装办理。

（4）在暂拆原因消除后需用电的，请您提前向我们提出复装申请，我们将在5个工作日内完成复装接电。

（5）与政府部门通过数据共享可获取的材料，免于提供。

（6）我公司现全面推行"互联网+"业扩服务，除营业厅外，还为您提供"网上国网"手机App等电子渠道应用，推行线上办电和移动作业，提供进程信息订制推送服务。

十六、过户

（一）业务办理流程

业务受理→勘察及签订合同→电费清算。

（二）受理渠道

客户可通过供电营业厅、"网上国网""国网安徽电力"微信公众号或95598智能互动网站办理业务。分别由营业厅受理人员和服务调度人员负责确认资料的有效性和完整性。

（三）业务办理说明

1.业务受理

客户按照"客户申请所需资料清单"（见表5-22）要求提供申请资料。

表5-22   客户申请所需资料清单

资料名称	资料说明	备注
新户主与原户主的用电主体资格证明	自然人提供有效身份证明（如身份证、军人证、护照、户口簿或公安机关户籍证明等）	以自然人名义办理
	非自然人提供法人代表有效身份证明和营业执照（或组织机构代码证）等	以非自然人名义办理
	您为非居民用电需要同步提供原户主用电户主体证明或原户主在申请表单上盖章证明	非居民客户办理时必备
	若您委托他人办理，需同时提供经办人有效身份证明和授权委托书	委托他人办理

资料名称	资料说明	备注
用电地址物权证明	如房产证、不动产权证或政府部门出具的土地所有权、房屋所有权等证明文书	

对申请资料暂不齐全的客户，您只要提供用电主体资格证明，我们将提供"容缺受理"服务，请您在我们上门服务时提供所缺资料。

2.勘察及签订合同

当收到我们通知时，您可携带相关证件签订供用电合同（居民用户在受理时签订供用电合同）。若过户后您为工商业用户，且由我们代理购电，还需签订购售电合同。

3.电费清算

在签订供用电合同后，我们将为您特抄电表底数或换表。您需要交纳底度电费后过户才能生效。在受理您过户申请且费用结清后，我们将为您办结业务。

（四）温馨提示

（1）在用电地址、用电容量不变条件下，可办理过户。

（2）原用户应当与供电企业结清债务，才能解除原供用电关系。

（3）不申请办理过户手续而私自过户的，新用户应当承担原用户所负债务；供电企业发现用户私自过户时，供电企业应当通知该户补办手续，必要时可以中止供电。

（4）如原户主办理过电费代扣业务，请及时取消，新户主可根据需要办理。

（5）居民过户后将产生新的户号，新户主应根据需要选择开通或停用峰谷分时电价，我们将按照剩余月数为您重新计算阶梯电量。

（6）涉及电价优惠的用户（如一户多人口、低保、五保户免费用电量等）过户后须重新认定。

（7）在您过户流程结束前所产生的电费，开具的电费发票抬头为原户名，无法更改，请自行协商好相关事宜，避免纠纷。

（8）新户主需要开具增值税发票，请同步办理增值税信息变更业务。

（9）根据《国家发展改革委关于第三监管周期省级电网输配电价及有关事项的通

知》（发改价格〔2023〕526号），用电容量在100千伏安~315千伏安之间的工商业用户，过户后可选择执行单一制或两部制电价；用电容量在315千伏安及以上的工商业用户，过户后需执行两部制电价。

（10）委托转供电用户过户时应当同步变更委托关系，重新签订委托转供电协议。

（11）用户应保证提交的资料真实有效、相关各方意见一致。原用电方、新用电方无法达成一致意见的，我公司将暂缓受理过户业务。业务办理过程中，如发现申请人提供的资料不实或存在争议的，供电公司将中止过户流程，待资料完善或争议解决后恢复办理。业务归档后，如发现申请资料不实的，供电公司将要求用户进行更正，必要时对已变更的信息进行还原。

（12）与政府部门通过数据共享可获取的材料，免于提供。

（13）我公司现全面推行"互联网+"业扩服务，除营业厅外，还为您提供"网上国网"手机App等电子渠道应用，推行线上办电和移动作业，提供进程信息订制推送服务。

十七、更名

（一）业务办理流程

业务受理→业务办结。

（二）受理渠道

客户可通过供电营业厅、"网上国网""国网安徽电力"微信公众号或95598智能互动网站办理业务。分别由营业厅受理人员和服务调度人员负责确认资料的有效性和完整性。

（三）业务办理说明

1.业务受理

客户按照"客户申请所需资料清单"（见表5-23）要求提供申请资料。

表5-23　　　　　　　　　　更名客户申请所需资料清单

资料名称	资料说明	备注
用电主体资格证明	自然人提供有效身份证明（如身份证、军人证、护照、户口簿或公安机关户籍证明等）	以自然人名义办理
	非自然人提供法人代表有效身份证明和营业执照或组织机构代码证、登记证书、有权单位出具的证明材料等	以非自然人名义办理
	若您委托他人办理，需同时提供经办人有效身份证明和授权委托书	委托他人办理
用电地址物权证明	（如房产证、不动产权证或政府部门出具的土地所有权、房屋所有权等证明文书）或工商变更登记、户籍证明等其他用户名称变更证明材料	

2.业务办结

全过程办电时间不超过5个工作日。

（四）温馨提示

（1）在用电主体、用电地址、用电容量、用电类别不变条件下，可办理更名。

（2）更名针对同一法人及自然人的名称的变更，需要用电人与供电人双方确认。

（3）业务办结前您需要与我们重新签订《供用电合同》。

（4）新户主需要开具增值税发票，请同步办理增值税信息变更业务。

（5）若您为托收业务用户，请同步变更托收协议。

（6）委托转供电用户更名应当同步变更委托转供电协议。

（7）与政府部门通过数据共享可获取的材料，免于提供。

（8）我公司现全面推行"互联网+"业扩服务，除营业厅外，还为您提供"网上国网"手机App等电子渠道应用，推行线上办电和移动作业，提供进程信息订制推送服务。

十八、分户

（一）业务办理流程

1.普通用户

业务受理→供电方案答复→竣工检验和装表接电。

2.重要电力用户

业务受理→供电方案答复→设计文件审核→中间检查→竣工检验和装表接电。

（二）受理渠道

客户可通过供电营业厅、"网上国网""国网安徽电力"微信公众号或95598智能互动网站办理业务。分别由营业厅受理人员和服务调度或95598智能互动网站办理业务。分别由营业厅受理人员和服务调度人员负责确认资料的有效性和完整性。

（三）业务办理说明

1.业务受理

申请所需资料见表5–24。

表5–24　　　　　　　　　　　　分户申请所需资料清单

资料名称	资料说明	备注
用电主体资格证	自然人提供有效身份证明（如身份证、军人证、护照、户口簿或公安机关户籍证明等）	以自然人名义办理
	非自然人提供法人代表有效身份证明和营业执照或组织机构代码证、登记证书、有权单位出具的证明材料等	以非自然人名义办理
	若您委托他人办理，需同时提供经办人有效身份证明和授权委托书	委托他人办理
用电地址物权证明	分立后的用户按照地址均应当具有独立的不动产权属，如房屋所有权证、土地使用权证，或镇（街道、乡）及以上政府或房管、城建、国土管理部门根据所辖权限开具的产权合法证明等证明文书	

对申请资料暂不齐全的客户，您只要提供用电主体资格证明，我们将提供"容缺受理"服务，请您在我们上门服务时提供所缺资料。

2.供电方案答复

（1）受理您的用电申请后，我们会与您预约时间勘查用电现场供电条件，若您为低压用户，我们将在3个工作日内向您答复供电方案；若您为高压用户，我们将在10个工作日（双电源用户20个工作日）内向您答复供电方案。

（2）若涉及受电工程施工，您需要在收到供电方案后，自主选择有相应资质的设计、施工单位，根据供电方案开展受电工程设计、施工。

3.设计文件审核

若您是重要电力用户，为确保工程设计达标，我们会提供设计文件审核服务。设计文件审核需要您提供设计单位资质证明材料、受电工程设计及说明书，具备条件后我们将在3个工作日内完成审核并答复《客户受电工程设计文件审核意见单》，对审核发现的问题，请您及时整改，整改完成后重新办理报审手续，直至审核合格。

4.中间检查

若您是重要电力用户，为确保工程建设满足电力安全需求，我们会提供中间检查服务。在电缆管沟、接地网等隐蔽工程覆盖前，请及时通知我们进行中间检查，中间检查需要您提供施工单位资质证明材料和隐蔽工程施工及试验记录，具备条件后我们将在2个工作日内完成中间检查并答复《客户受电工程中间检查意见单》，对检查发现的问题，请您及时整改，整改完成后重新办理报验手续，直至检查合格。

5.竣工检验和装表接电

（1）受电工程竣工后，请您提出竣工报验申请并提供工程竣工报告（含竣工图纸）等材料，我们将在3个工作日内完成竣工检验并答复《客户受电工程竣工检验意见单》，对检验发现的问题，请您及时整改，整改完成后重新办理报验手续，直至检验合格。

（2）在受电工程检验合格，签订供用电合同及相关协议，并按照政府物价部门批准的收费标准结清高可靠性供电费用后，若您为低压用户，我们将在2个工作日内为您装表接电；若您为高压用户，我们将在3个工作日内为您装表接电。

（四）温馨提示

（1）在用电地址、供电点、用电容量不变，且其受电装置具备分装的条件，且原用户与供电企业结清债务的情况下，可以办理分户业务。

（2）原用户的用电容量由分户者自行协商分割，需要增容的，分户后另行向供电企业办理增容手续。

（3）分户引起的用户产权范围内工程费用由分户者负担。

（4）您可以通过信用能源网站（http://xyny.nea.gov.cn/publicity）、全国建筑市场监管公共服务平台（http://jzsc.mohurd.gov.cn/data/company）等渠道查询设计、施工和设备材料供应单位的相关信息。

（5）若您选择两部制电价，还需同步确认容（需）量电价计费方式。如您需要变更，请提前15个工作日办理下3个月的容（需）量电价计费方式。

（6）与政府部门通过数据共享可获取的材料，免于提供。

（7）前期已经提供且尚在有效期内的资料，无须再次提供。

（8）我公司现全面推行"互联网＋"业扩服务，除营业厅外，还为您提供"网上国网"手机App等电子渠道应用，推行线上办电和移动作业，提供进程信息订制推送服务。

十九、并户

（一）业务办理流程

1.普通用户

业务受理→供电方案答复→竣工检验和装表接电。

2.重要电力用户

业务受理→供电方案答复→设计文件审核→中间检查→竣工检验和装表接电。

（二）受理渠道

客户可通过供电营业厅、"网上国网""国网安徽电力"微信公众号或95598智能互动网站办理业务。分别由营业厅受理人员和服务调度或95598智能互动网站办理业务。分别由营业厅受理人员和服务调度人员负责确认资料的有效性和完整性。

（三）业务办理说明

1.业务受理

申请所需资料见表5–25。

表5-25　　　　　　　　　　　　并户申请所需资料清单

资料名称	资料说明	备注
用电主体资格证	自然人提供有效身份证明（如身份证、军人证、护照、户口簿或公安机关户籍证明等）	以自然人名义办理
	非自然人提供法人代表有效身份证明和营业执照或组织机构代码证、登记证书、有权单位出具的证明材料等	以非自然人名义办理
	若您委托他人办理，需同时提供经办人有效身份证明和授权委托书	委托他人办理
用电地址物权证明	如房屋所有权证、土地使用权证，或镇（街道、乡）及以上政府或房管、城建、国土管理部门根据所辖权限开具的产权合法证明等证明文书	

对申请资料暂不齐全的客户，您只要提供用电主体资格证明，我们将提供"容缺受理"服务，请您在我们上门服务时提供所缺资料。

2.供电方案答复

（1）受理您的用电申请后，我们会与您预约时间勘查用电现场供电条件，若您为低压用户，我们将在3个工作日内向您答复供电方案；若您为高压用户，我们将在10个工作日（双电源用户20个工作日）内向您答复供电方案。

（2）若涉及受电工程施工，您需要在收到供电方案后，自主选择有相应资质的设计、施工单位，根据供电方案开展受电工程设计、施工。

3.设计文件审核

若您是重要电力用户，为确保工程设计达标，我们会提供设计文件审核服务。设计文件审核需要您提供设计单位资质证明材料、受电工程设计及说明书，具备条件后我们将在3个工作日内完成审核并答复《客户受电工程设计文件审核意见单》，对审核发现的问题，请您及时整改，整改完成后重新办理报审手续，直至审核合格。

4.中间检查

若您是重要电力用户，为确保工程建设满足电力安全需求，我们会提供中间检查服务。在电缆管沟、接地网等隐蔽工程覆盖前，请及时通知我们进行中间检查，中间检查需要您提供施工单位资质证明材料和隐蔽工程施工及试验记录，具备条件后我们将在2个工作日内完成中间检查并答复《客户受电工程中间检查意见单》，对检查发现的问题，请您及时整改，整改完成后重新办理报验手续，直至检查合格。

5.竣工检验和装表接电

（1）受电工程竣工后，请您提出竣工报验申请并提供工程竣工报告（含竣工图纸）等材料，我们将在3个工作日内完成竣工检验并答复《客户受电工程竣工检验意见单》，对检验发现的问题，请您及时整改，整改完成后重新办理报验手续，直至检验合格。

（2）在受电工程检验合格，签订供用电合同及相关协议，并按照政府物价部门批准的收费标准结清高可靠性供电费用后，若您为低压用户，我们将在2个工作日内为您装表接电；若您为高压用户，我们将在3个工作日内为您装表接电。

（四）温馨提示

（1）在同一供电点、同一用电地址的相邻两个以上用户，且原用户与供电企业结清债务的情况下，可以办理并户业务。

（2）新用户用电容量不得超过并户前各户容量之和。

（3）并户引起的用户产权范围内工程费用由并户者负担。

（4）您可以通过信用能源网站（http://xyny.nea.gov.cn/publicity）、全国建筑市场监管公共服务平台（http://jzsc.mohurd.gov.cn/data/company）等渠道查询设计、施工和设备材料供应单位的相关信息。

（5）若您选择两部制电价，还需同步确认容（需）量电价计费方式。如您需要变更，请提前15个工作日办理下3个月的容（需）量电价计费方式。

（6）与政府部门通过数据共享可获取的材料，免于提供。

（7）前期已经提供且尚在有效期内的资料，无须再次提供。

（8）我公司现全面推行"互联网＋"业扩服务，除营业厅外，还为您提供"网上国网"手机App等电子渠道应用，推行线上办电和移动作业，提供进程信息订制推送服务。

二十、销户

（一）业务办理流程

业务受理→上门服务→电费结清。

（二）受理渠道

客户可通过供电营业厅、"网上国网""国网安徽电力"微信公众号或95598智能互动网站办理业务。分别由营业厅受理人员和服务调度或95598智能互动网站办理业务。分别由营业厅受理人员和服务调度人员负责确认资料的有效性和完整性。

（三）业务办理说明

1.业务受理

申请所需资料见表5–26。

表5–26　　　　　　　　　　销户申请所需资料清单

资料名称	资料说明	备注
用电主体资格证	自然人提供有效身份证明（如身份证、军人证、护照、户口簿或公安机关户籍证明等）	以自然人名义办理
	非自然人提供法人代表有效身份证明和营业执照或组织机构代码证、登记证书、有权单位出具的证明材料等	以非自然人名义办理
	若您委托他人办理，需同时提供经办人有效身份证明和授权委托书	委托他人办理
用电地址物权证明	房屋所有权证、土地使用权证、固定车位产权证明或产权方许可证明等	

对申请资料暂不齐全的客户，您只要提供用电主体资格证明，我们将提供"容缺受理"服务，请您在我们上门服务时提供所缺资料。

2.上门服务

受理您的销户申请后，我们将与您预约时间，到现场进行停电并拆除计量装置，并抄录电表示数，请您做好相关准备工作。

3.电费清算

请您在接到电费交纳通知后及时交纳电费。根据《关于居民生活用电试行阶梯电价的通知》（皖价商〔2012〕121号），居民用户销户，当年阶梯电量电费须按使用月份重新进行结算。

（四）温馨提示

（1）用户应当停止现场全部用电容量的使用，并与供电企业结清电费。

（2）在办理高压销户手续时，应在获得停电许可的情况下，委托有资质的施工单位拆尽所有与外部供电设备相连接的用户产权电气设备。如我们在销户过程中，发现业务存在纠纷或现场拆表受阻的，我们将终止您的销户流程，待您办妥相关事宜后重新申请。

（3）销户过程中发现现场存在计量装置故障、违约用电、窃电等异常情况的，需按相应流程处理结束后方可销户。

（4）如销户结清电费后仍有电费余额的，请凭用电主体资格证明等资料办理退费手续。

（5）针对区域拆迁等批量销户业务，需提供拆迁许可证或政府相关拆迁证明以及拆迁清单（含每户户号、表号、户名、地址）。

（6）全额上网的分布式电源用户办理销户，为其发电设备供电而设立的用电户，应当与发电户同时销户。

（7）与政府部门通过数据共享可获取的材料，免于提供。

（8）我公司现全面推行"互联网＋"业扩服务，除营业厅外，还为您提供"网上国网"手机App等电子渠道应用，推行线上办电和移动作业，提供进程信息订制推送服务。

二十一、改压

（一）业务办理流程

1.普通用户

业务受理→供电方案答复→竣工检验和装表接电。

2.重要电力用户

业务受理→供电方案答复→设计文件审核→中间检查→竣工检验和装表接电。

（二）受理渠道

客户可通过供电营业厅、"网上国网""国网安徽电力"微信公众号或95598智能互动网站办理业务。分别由营业厅受理人员和服务调度或95598智能互动网站办理业务。分别由营业厅受理人员和服务调度人员负责确认资料的有效性和完整性。

（三）业务办理说明

1.业务受理

申请所需资料见表5-27。

表5-27 改压申请所需资料清单

资料名称	资料说明	备注
用电主体资格证	自然人提供有效身份证明（如身份证、军人证、护照、户口簿或公安机关户籍证明等）	以自然人名义办理
	非自然人提供法人代表有效身份证明和营业执照或组织机构代码证、登记证书、有权单位出具的证明材料等	以非自然人名义办理
	若您委托他人办理，需同时提供经办人有效身份证明和授权委托书	委托他人办理
用电地址物权证明	包括不动产权证、工程建设规划许可证、土地承包经营权证、土地使用权证、土地使用权出让合同、已正式备案的购房合同、乡镇及以上政府主管部门出具的证明材料等，租赁用户还需提供租赁协议	

对申请资料暂不齐全的客户，您只要提供用电主体资格证明，我们将提供"容缺受理"服务，请您在我们上门服务时提供所缺资料。

2.供电方案答复

（1）受理您的用电申请后，我们会与您预约时间勘查用电现场供电条件，若您为低压用户，我们将在3个工作日内向您答复供电方案；若您为高压用户，我们将在10

个工作日（双电源用户20个工作日）内向您答复供电方案。

（2）若涉及受电工程施工，您需要在收到供电方案后，自主选择有相应资质的设计、施工单位，根据供电方案开展受电工程设计、施工。

3.设计文件审核

若您是重要电力用户，为确保工程设计达标，我们会提供设计文件审核服务。设计文件审核需要您提供设计单位资质证明材料、受电工程设计及说明书，具备条件后我们将在3个工作日内完成审核并答复《客户受电工程设计文件审核意见单》，对审核发现的问题，请您及时整改，整改完成后重新办理报审手续，直至审核合格。

4.中间检查

若您是重要电力用户，为确保工程建设满足电力安全需求，我们会提供中间检查服务。在电缆管沟、接地网等隐蔽工程覆盖前，请及时通知我们进行中间检查，中间检查需要您提供施工单位资质证明材料和隐蔽工程施工及试验记录，具备条件后我们将在2个工作日内完成中间检查并答复《客户受电工程中间检查意见单》，对检查发现的问题，请您及时整改，整改完成后重新办理报验手续，直至检查合格。

5.竣工检验和装表接电

（1）受电工程竣工后，请您提出竣工报验申请并提供工程竣工报告（含竣工图纸）等材料，我们将在3个工作日内完成竣工检验并答复《客户受电工程竣工检验意见单》，对检验发现的问题，请您及时整改，整改完成后重新办理报验手续，直至检验合格。

（2）在受电工程检验合格，签订供用电合同及相关协议，并按照政府物价部门批准的收费标准结清高可靠性供电费用后，若您为低压用户，我们将在2个工作日内为您装表接电；若您为高压用户，我们将在3个工作日内为您装表接电。

（四）温馨提示

（1）在用户用电地址、用电容量、用电类别不变，而电压等级发生变化的条件下，可办理改压业务。

（2）用户办理改压业务时，超过原容量者，超过部分按照增容办理。

（3）用户办理改压业务后，应按新的电压等级执行对应的分类电价，并与供电企业变更供用电合同。

（4）与政府部门通过数据共享可获取的材料，免于提供。

（5）前期已经提供且尚在有效期内的资料，无须再次提供。

（6）我公司现全面推行"互联网+"业扩服务，除营业厅外，还为您提供"网上国网"手机App等电子渠道应用，推行线上办电和移动作业，提供进程信息订制推送服务。

二十二、居民峰谷电变更

（一）业务办理流程

业务受理→上门服务。

（二）受理渠道

客户可通过供电营业厅、"网上国网""国网安徽电力"微信公众号或95598智能互动网站办理业务。分别由营业厅受理人员和服务调度人员负责确认资料的有效性和完整性。

（三）业务办理说明

1.业务受理

申请所需资料见表5-28。

表5-28   居民峰谷电变更申请所需资料清单

资料名称	资料说明	备注
用电主体资格证明	有效身份证明（如身份证、军人证、护照、户口簿或公安机关户籍证明等）	
	若您提交的有效身份证明与用电户名不一致时，还应提供用电地址权属证明	
	若您委托他人办理，需同时提供经办人有效身份证明和授权委托书	委托他人办理

2.上门服务

（1）若您现使用的电表已具备峰谷计度功能，我们将给您远程特抄底度并开通峰谷计度，不再另行通知。

（2）若您现使用的电表不具备峰谷计度功能，我们将给您更换具有峰谷计度功能的分时电表，自换表日起执行峰谷分时电价，不再另行通知。

（四）温馨提示

（1）按年选择执行分时或非分时电价，一旦确定，一年内不予更改。

（2）根据《国家发展改革委关于安徽省峰谷分时电价实施办法的批复》（发改价格〔2004〕512号），居民生活用电分时电价时段划分：平段8∶00—22∶00，低谷时段22∶00—8∶00（次日）。

（3）居民峰谷电变更业务只适用于执行低压"一户一表"居民电价的用户。

（4）与政府部门通过数据共享可获取的材料，免于提供。

（5）我公司现全面推行"互联网＋"业扩服务，除营业厅外，还为您提供"网上国网"手机App等电子渠道应用，推行线上办电和移动作业，提供进程信息订制推送服务。

二十三、电能表校验

（一）业务办理流程

业务受理→上门服务→检验结果处理。

（二）受理渠道

客户可通过供电营业厅、"网上国网""国网安徽电力"微信公众号或95598智能互动网站办理业务。分别由营业厅受理人员和服务调度或95598智能互动网站办理业务。分别由营业厅受理人员和服务调度人员负责确认资料的有效性和完整性。

（三）业务办理说明

1.业务受理

客户按照"客户申请所需资料清单"（见表5-29）要求提供申请资料。

表5-29　　　　　　　　　　电能表校验客户申请所需资料清单

资料名称	资料说明	备注
用电人有效身份证明	自然人提供有效身份证明（如身份证、军人证、护照、户口簿或公安机关户籍证明等）	以自然人名义办理
	非自然人提供法人代表有效身份证明和营业执照（或组织机构代码证等）	以非自然人名义办理
	若您委托他人办理，需同时提供经办人有效身份证明和授权委托书	委托他人办理

对申请资料暂不齐全的客户，您只要提供用电主体资格证明，我们将提供"容缺受理"服务，请您在我们上门服务时提供所缺资料。

2. 上门服务

受理您的用电申请后，我们将与您预约上门服务时间。若您申请现场校验，我们将按约定时间至现场校验；若您申请非现场检验，我们将按约定时间至现场更换新表，并将拆回表计送至计量检定机构检验，请您在拆表时确认电能表的状况及当前底度。

3. 检验结果处理

自您申请之日起，我们将在5个工作日内出具"电能表校验结果通知书"。

（四）温馨提示

（1）若您的计费电能表误差超出国家允许范围，我们将按照《供电营业规则》第八十二条等国家相关规定与您协商退补电量电费。

（2）如对检验结果有异议，您可向有资质的计量检定机构申请校验。在申请验表期间，您的电费仍应按期交纳，验表结果确认后，再行电费退补。

（3）我公司现全面推行"互联网+"业扩服务，除营业厅外，还为您提供"网上国网"手机App等电子渠道应用，推行线上办电和移动作业，提供进程信息订制推送服务。

二十四、一户多人口

（一）业务办理流程

业务受理→业务办结。

（二）受理渠道

客户可通过供电营业厅、"网上国网""国网安徽电力"微信公众号或95598智能互动网站办理业务。分别由营业厅受理人员和服务调度或95598智能互动网站办理业务。分别由营业厅受理人员和服务调度人员负责确认资料的有效性和完整性。

（三）业务办理说明

1.业务受理

申请所需资料如下：

（1）户主本人身份证。

（2）居住证明材料。如安徽省户口簿、安徽省居住证、港澳居住证、台湾居民居住证、外国人永久居留身份证等。

（3）若登记地址与实际用电地址不一致需同时提供物权证明材料。如房屋所有权证、土地使用权证，或镇（街道、乡）及以上政府或房管、城建、国土管理部门根据所辖权限开具产权合法证明等证明文书。

（4）若您委托他人办理，须同时提供经办人有效身份证明和授权委托书。

2.业务办结

"一户多人口"人数满5人及以上的，可申请每户每月增加100千瓦时阶梯电量基数。即第一档电量为0~280千瓦时，第二档电量为281~450千瓦时，第三档电量为451千瓦时及以上。

（四）温馨提示

（1）申请办理"一户多人口"业务的居民用户，当月生效，自生效之日起2年内有效。

（2）户口簿或居住证人数为7人及以上的，可选择执行一户一表居民电价或居民合表电价，选择居民合表电价后1年内不允许变更。

（3）已办理"一户多人口"业务的居民用户，如您的"一户多人口"相关信息发生变化，请及时至当地供电企业或通过"网上国网"App办理相应变更手续。有效期届满的用户，应在到期前两个月内办理延期手续。

（4）每位居民用户同时期只能在一个住址申请办理"一户多人口"业务，不能同时在多个住址重复办理。

（5）与政府部门通过数据共享可获取的材料，免于提供。

二十五、增值税信息变更

（一）业务办理流程

业务受理→业务办结。

（二）受理渠道

客户可通过供电营业厅、"网上国网""国网安徽电力"微信公众号或95598智能互动网站办理业务。分别由营业厅受理人员和服务调度或95598智能互动网站办理业务。分别由营业厅受理人员和服务调度人员负责确认资料的有效性和完整性。

（三）业务办理说明

1.申请受理

申请所需资料见表5-30。

表5-30　　　　　　　增值税信息变更申请所需资料清单

资料名称	资料说明	备注
用电主体资格证明	自然人提供有效身份证明（如身份证、军人证、护照、户口簿或公安机关户籍证明等）	以自然人名义办理
	非自然人提供法人代表有效身份证明和营业执照（或组织机构代码证等）	以非自然人名义办理
	若您委托他人办理，需同时提供经办人有效身份证明和授权委托书	委托他人办理
其他	新的增值税开票信息（单位名称、地址、联系电话、开户行名称、银行账号等）	

2.业务办结

我们将在下个电费结算日前联系您再次核对增值税信息变更情况，如有问题我们将及时更正。

（四）温馨提示

（1）与政府部门通过数据共享可获取的材料，免于提供。

（2）我公司现全面推行"互联网＋"业扩服务，除营业厅外，还为您提供"网上国网"手机App等电子渠道应用，推行线上办电和移动作业，提供进程信息订制推送服务。

二十六、容（需）量值变更

（一）业务办理流程

业务受理→业务办结。

（二）受理渠道

客户可通过供电营业厅、"网上国网""国网安徽电力"微信公众号或95598智能互动网站办理业务。分别由营业厅受理人员和服务调度或95598智能互动网站办理业务。分别由营业厅受理人员和服务调度人员负责确认资料的有效性和完整性。

（三）业务办理说明

1.申请受理

申请所需资料（见表5-31）。

表5-31　　　　　　容（需）量值变更申请所需资料清单

资料名称	资料说明	备注
用电主体资格证明	自然人提供有效身份证明（如身份证、军人证、护照、户口簿或公安机关户籍证明等）	以自然人名义办理
	非自然人提供法人代表有效身份证明和营业执照（或组织机构代码证等）	以非自然人名义办理

资料名称	资料说明	备注
用电主体资格证明	若您委托他人办理，需同时提供经办人有效身份证明和授权委托书	委托他人办理

2.业务办结

受理您的变更申请后，我们将为您办理容（需）量值变更。

（四）温馨提示

（1）容（需）量电费可按变压器容量，合同最大需量，实际最大需量方式计算，由您自主选择。

（2）容（需）量电价计费方式可按季变更，您可提前15个工作日办理下3个月的容（需）量电价计费方式，计费方式一经选择，执行期内保持不变。执行期满后，如您未提出变更申请，按已执行的计费方式保持不变。

（3）对按合约最大需量、实际最大需量计费的两路及以上进线用户，分别计算最大需量，累加计收基本电费；互为备用的，按最大需量数值较大的一路计收基本电费。

（4）若您配有自备电厂，基本电价计费方式从容量变更为需量，将对企业的自备电厂征收系统备用容量费。

（5）与政府部门通过数据共享可获取的材料，免于提供。

（6）我公司现全面推行"互联网＋"业扩服务，除营业厅外，还为您提供"网上国网"手机App等电子渠道应用，推行线上办电和移动作业，提供进程信息订制推送服务。

二十七、电价策略变更

（一）业务办理流程

业务受理→业务办结。

（二）受理渠道

客户可通过供电营业厅、"网上国网""国网安徽电力"微信公众号或95598智能互动网站办理业务。分别由营业厅受理人员和服务调度或95598智能互动网站办理业务。分别由营业厅受理人员和服务调度人员负责确认资料的有效性和完整性。

（三）业务办理说明

1.业务受理

申请所需资料见表5-32。

表5-32　　　　　　　　　　电价策略变更申请所需资料清单

资料名称	资料说明	备注
用电主体资格证明	自然人提供有效身份证明（如身份证、军人证、护照、户口簿或公安机关户籍证明等）	以自然人名义办理
	非自然人提供法人代表有效身份证明和营业执照（或组织机构代码证等）	以非自然人名义办理
	若您委托他人办理，须同时提供经办人有效身份证明和授权委托书	委托他人办理

2.业务办结

受理您的变更申请后，我们将为您办理电价策略变更。

（四）注意事项

（1）若您是用电容量在100千伏安~315千伏安之间的工商业用315千伏安及以上现执行单一制电价的工商业用户，可选择执行单一制或两部制电价，变更周期为12个月，如您需要变更，请提前15天办理。

（2）若您选择两部制电价，还需同步确认容（需）量电价计费方式，如您需要变更，请提前15个工作日办理下3个月的容（需）量电价计费方式。

（3）与政府部门通过数据共享可获取的材料，免于提供。

（4）我公司现全面推行"互联网+"业扩服务，除营业厅外，还为您提"网上国网"手机App等电子渠道应用，推行线上办电和移动作业，提供进程信息订制推送服务。

第四节　优化营商环境知识

1.《国家发展和改革委员会国家能源局关于全面提升"获得电力"服务水平持续优化用电营商环境的意见》（发改能源规〔2020〕1479号）

工作目标：2022年底前，在全国范围内实现居民用户和低压小微企业用电报装"三零"服务、高压用户用电报装"三省"服务，用电营商环境持续优化，"获得电力"整体服务水平迈上新台阶。办电更省时、办电更省心、办电更省钱、用电更可靠。

具体措施：压减办电时间、提高办电便利度、降低办电成本、提升供电能力和供电可靠性、加大信息公开力度。

2.国务院办公厅《关于清理规范城镇供水供电供气供暖行业收费促进行业高质量发展的意见》（国办函〔2020〕129号）

要求：取消供电企业及其所属或委托的安装工程公司在用电报装工程验收接入环节向用户收取的移表费、计量装置赔偿费、环境监测费、高压电缆介质损耗试验费、高压电缆震荡波试验费、低压电缆试验费、低压计量检测费、互感器试验费、网络自动化费、配电室试验费、开闭站集资费、调试费等类似名目费用。

3.《国家能源局用户受电工程"三指定"行为认定指引》（国能发监管〔2020〕65号）

用户受电工程"三指定"行为，是指供电企业直接、间接或者变相指定用户受电工程的设计、施工和设备材料供应单位，限制或者排斥其他单位的公平竞争，侵犯用户自由选择权的行为，包括：

（1）为用户受电工程直接指明、确定、认定或者限定设计、施工单位、设备材料的品牌、生产厂家或者供应单位，影响用户选择设计、施工、设备材料供应单位的；

（2）通过口头、书面或者公示等方式，向用户推荐或者限定特定的设计、施工、设备材料供应单位，影响用户选择设计、施工单位和设备材料采购选择权利的；

（3）授意特定的设计、施工单位介入报装申请、现场勘察、供电方案答复、设计图纸审查和竣工检验等用电报装环节，影响用户选择设计、施工单位的；

（4）自行提高设计、施工单位资质等级标准、业绩标准，或者自行提高设计图纸审查标准，影响用户选择施工和设备材料供应单位的，或者影响施工单位选择设备材料供应单位的；

（5）采用不合理的供电方案答复标准、拖延供电方案答复时间等方式在供电方案中未明确引入电源或者供电方式、计量计费方式等设计所需要的必要信息，影响用户选择设计单位的；

（6）采取不受理、不通过、拖延设计图纸审查、中间检查及竣工检验等方式，影响用户选择施工单位的；

（7）采取不受理、不通过、拖延设计图纸审查、中间检查及竣工检验等方式，影响用户或者施工单位选择设备材料供应单位的；

（8）通过批复不合理的接电点、隐瞒供电能力等手段增加用户投资成本，影响用户选择设计单位的；

（9）自行提高设计、施工单位资质等级、业绩标准，或者自行提高设计图纸审查标准，影响用户选择设计单位的；

（10）自行设置设计、施工准入条件，导致用户只能选择特定设计、施工单位的；

（11）采用不受理、不通过、拖延设计图纸审查，或者不出具设计图纸审查意见等方式，影响用户选择设计单位的；

（12）以不合理的供电方案或者无故提高设计图纸审查标准增加用户投资成本，引导用户为降低投资成本选择特定施工单位的；

（13）在接电时，要求用户或者导致用户选择特定施工单位进行接电施工，为特定施工单位牟取利益提供便利的；

（14）要求用户自主选择的施工单位，与特定的施工单位签订分包合同（协议）的；

（15）要求用户或者施工单位对设备材料额外进行试验检测，影响用户或者施工单位选择设备材料供应单位的；

（16）指定设备材料特定型号、规格、生产厂家，或者限定设备材料供应品牌范围，影响用户或者施工单位选择设备材料的；

（17）通过指定设计、施工单位，以工程总承包等形式，指定设备材料供应单位的；

（18）国家能源局及派出机构认定的其他指定设计、施工、设备材料供应单位的行为。

注：

1）施工单位包括承装（修、试）电力设施单位和工程监理单位；

2）设备材料供应单位包括设备材料供应商和设备材料生产厂家。

4.《国家电网有限公司关于印发优化电力营商环境再提升行动方案的通知》（国家电网办〔2023〕182号）

重点任务及举措：

（1）低压用户"三零"服务巩固提升；

（2）高压用户报装高效提速；

（3）居住区充电设施用电报装快速响应；

（4）乡村振兴用电报装服务全面提升；

（5）供电领域"一件事一次办"服务升级；

（6）数字赋能办电服务深化提升；

（7）办电服务合规管理强化；

（8）供电可靠性全面提升。